万川
reflections

一步万里阔

新岩
书波

# 西班牙史10讲

スペイン史
10講

[日]
立石博高
——著
何睦
——译

中国工人出版社

**图书在版编目（CIP）数据**

西班牙史10讲 /（日）立石博高著；何睦译．— 北京：中国工人出版社，2024.4
ISBN 978-7-5008-8457-6

Ⅰ．①西… Ⅱ．①立… ②何… Ⅲ．①西班牙—历史 Ⅳ．① K551

中国国家版本馆CIP数据核字（2024）第088228号

著作权合同登记号：图字01-2022-3465



**西班牙史10讲**

| | |
|---|---|
| 出 版 人 | 董　宽 |
| 责任编辑 | 邢　璐 |
| 责任校对 | 张　彦 |
| 责任印制 | 黄　丽 |
| 出版发行 | 中国工人出版社 |
| 地　　址 | 北京市东城区鼓楼外大街45号　邮编：100120 |
| 网　　址 | http://www.wp-china.com |
| 电　　话 | （010）62005043（总编室）<br>（010）62005039（印制管理中心）<br>（010）62001780（万川文化出版中心） |
| 发行热线 | （010）82029051　62383056 |
| 经　　销 | 各地书店 |
| 印　　刷 | 北京利丰雅高长城印刷有限公司 |
| 开　　本 | 880毫米 ×1230毫米　1/32 |
| 印　　张 | 10 |
| 字　　数 | 220千字 |
| 版　　次 | 2024年7月第1版　2024年7月第1次印刷 |
| 定　　价 | 78.00元 |

**本书如有破损、缺页、装订错误，请与本社印制管理中心联系更换**

# 目　录

## 第3讲　多样化的中世纪西班牙世界
## 8世纪—15世纪后期



## 第4讲　从天主教双王的统治到西班牙君主国
## 15世纪—16世纪

## 第 5 讲　西班牙君主国的衰退
## 17 世纪



## 第 6 讲　从天主教启蒙到旧制度危机
## 18 世纪—19 世纪初

## 第 7 讲　革命与反革命的时代
### 19 世纪上半叶—19 世纪 70 年代



## 第 8 讲　从君主制复辟到西班牙内战
### 19 世纪 70 年代—20 世纪 30 年代

## 第 9 讲　佛朗哥的独裁体制
## 1939—1975 年



## 第 10 讲　民主化进程与自治区国家体制
## 20 世纪 70 年代—现在

第 1 讲

# “西班牙”历史的起点

黎明期—4 世纪

梅里达（巴达霍斯省）的罗马剧场

## 大事年表

| | |
|---|---|
| 公元前 80 万年 | 伊比利亚半岛最早的定居者“先驱人” |
| 前 5000 年 | 伊比利亚半岛进入新石器时代 |
| 前 3000 年 | 伊比利亚人出现 |
| 前 1200 年 | 伊比利亚半岛南部进入地中海贸易圈 |
| 前 1000 年 | 凯尔特人来到伊比利亚半岛 |
| 前 800 年 | 腓尼基人建造加迪尔（今加的斯）城 |
| 前 700 年 | 塔特索斯王国进入繁荣时期 |
| 前 227 年 | 迦太基人建造新迦太基（今卡塔赫纳）城 |
| 前 201 年 | 罗马在第二次布匿战争中战胜迦太基 |
| 前 197 年 | 罗马设置近伊斯帕尼亚行省和远伊斯帕尼亚行省 |
| 前 154 年 | 卢西塔尼亚战争（—前 139 年）爆发 |
| 前 153 年 | 努曼提亚战争（—前 133 年）爆发 |
| 前 16/15 年 | 奥古斯都将西班牙重新划分为三个行省 |
| 73/74 年 | 西班牙全境的原住民城市都被授予拉丁权 |
| 5 世纪初 | 日耳曼人开始进入西班牙 |

# ❶ 伊比利亚半岛在地缘政治学上的位置

## 大陆与大洋的十字路口

法国的西班牙史学家皮埃尔·维拉尔曾对总面积五分之四为西班牙的伊比利亚半岛的地理特征进行过简洁的描述："（这个半岛）位于非洲和欧洲、大西洋和地中海间的十字路口，是一个相遇之地。虽然，这个十字路口的地形起伏不平，几乎可以说是一道屏障。然而，这里还是成了相遇之地。"

这个面积约为日本的 1.6 倍，大约 59 万平方公里，被喻为"公牛皮"的半岛虽然东北部与法国接壤，但宽约 430 公里的比利牛斯山脉群峰却使人难以横穿南北。不过，半岛西南部与非洲大陆之间的海峡，最窄的部分只有 14 公里。由于半岛同时向地中海和大西洋开敞着广阔的海岸线，有利于其与地中海世界和大西洋以外的世界联系。

伊比利亚半岛海岸线总长约为4100公里，由于山谷常年受到海水侵蚀，大部分海岸曲折复杂，沿岸平原较少，因此整个半岛呈凝结的块状，且平均海拔较高的内陆地区（梅塞塔高原）也被许多山脉分隔，加上缺乏可通航的河流，在近代交通网出现之前，这个块状半岛被分割成了支离破碎的若干区域。这样的地理特点也给半岛内部带来自然环境的显著差异。大致可分为大西洋一侧的湿润环境、地中海一侧的干燥环境和内陆的大陆性环境。

借用维拉尔的话说，在伊比利亚这种独特的地理特征之下，“从远古开始，就有各种各样的人类种族和文明进入半岛，他们彼此对立，至今仍留有痕迹”。换句话说，在伊比利亚半岛，每个地区都有着不同的生活方式，多样的语言和文化直至现代依然生生不息。

因此，相对于位于半岛西部的葡萄牙在中世纪鼎盛时期便构筑起紧凑的“国民共同体（民族）”，从近代到现在，统摄半岛其余广大地区诸王国、领国的西班牙，在历史的进程中，围绕“单一民族”“多元民族”“诸民族联合组成的民族”，还是“非民族国家（政治国家）”之类的民族问题的对抗从未停止。直到21世纪的今天，西班牙在为整合地方多样性问题所苦的同时，也蕴藏着以多样性为契机开拓新的民族形象的可能性。

## 作为过渡地带的伊比利亚半岛

如今，作为欧盟的主要成员国，西班牙毫无疑问是欧洲的一员。但是在16世纪，荷兰人文主义者伊拉斯谟被半岛中央的阿尔卡拉大学聘请时，他以不想去有很多闪米特因素（指中世纪西班牙社会在语言文化方面受到犹太人和阿拉伯人的许多影响）的边远地区为由加以拒绝，这也是当时一件很有名的逸事。即便到了近代，“非洲始于比利牛斯”这句话还在反复出现，可见19世纪欧洲的浪漫主义者是以一种东方主义的视角看待西班牙南部地区的。另一方面，西班牙帝国虽然曾在近世初期称霸欧洲，但在近代化进程迟缓的情况下，“欧洲化”一直是西班牙面临的重大课题。

为了理解这种现象，我们必须关注位于欧洲大陆西南端的伊比利亚半岛，作为欧洲和非洲分界线而展开的历史。被视为典型基督教世界的西欧，很早就完成了对犹太教徒的驱逐，而且与处于过渡地带的西班牙不同，西欧也没有必要与伊斯兰教徒直接对峙。相对来看，西班牙却历经艰辛才终于在15世纪末完成收复失地运动（也称再征服运动、收复国土运动），排除伊斯兰势力，驱逐犹太教徒（拒绝改宗基督教的犹太人），实现了宗教统一。在西班牙的土地上，基督教徒、伊斯兰教徒、犹太教徒之间既对立又共存的历史长达

700 年。

早在半个世纪前，A. 卡斯特罗就曾提出，从中世纪三种宗教的共存以及其后非基督教徒被排除的过程中产生的精神纠葛中，可以看出西班牙本质上的特殊性。对此，C. 桑切斯·阿尔博诺斯反驳说，早在古代的罗马化时期就已经出现了西班牙人的概念，在那之后的社会发展与西欧也是同轨的。在此，我们姑且不论所谓“本质”为何，但在考察西班牙的历史进程时，由其位于基督教世界与伊斯兰世界过渡地带的这种地缘政治位置所引发的诸多问题是不容忽视的。

另外，葡萄牙和西班牙这两个位于伊比利亚半岛的国家担负了拉开“大航海时代”帷幕的历史角色，也说明这个半岛在打开大西洋航路，即开拓非洲和美洲航线的可能性方面，具有不可忽视的地理优势。

## ❷ 史前时代的伊比利亚半岛

### 旧石器时代与新石器时代

虽然人类诞生于非洲大陆目前已是定论，但关于人类进入欧洲大陆定居的时间，直到 20 世纪末才在伊比利亚半岛上有了重大发现。在阿塔普埃尔卡山脉（布尔戈斯省）发现了早于尼安德特人的人骨化石，被命名为“先驱人”。这个大约 80 万年前出现的古老的人种，是伊比利亚半岛最初的定居者。

此后，由于地理位置邻近非洲，人类不断地向半岛迁徙。旧石器时代后期（3.5 万—5000 年前），被认为是现代智人创造的洞窟、岩壁艺术陆续在半岛各地出现。其中，坎塔布里亚山脉沿线的阿尔塔米拉洞窟岩画（约 1.5 万年前）巧妙地利用了洞顶的岩石隆起进行创作，被认为是石器时代的艺术杰作。特别是在半岛东部，亚旧石器时代[1]（1万—5000年前）的岩壁艺术格外繁荣，留下了大量有关狩猎和祭礼舞蹈等场景的岩绘。可见，人类早在这个时期就已经在对事物进行抽象化的描绘，并以此传承自身的故事。

伊比利亚半岛在公元前5000年左右开始进入新石器时代。来自中东的文化到达并开始影响西地中海是主要的推动因素。当然，这个时代最初的变化也是在地中海沿岸地区发生的。目前，已在巴伦西亚沿岸发现了许多重要的遗迹，都属于当时十分发达的贝文陶器文化[2]。

图1–1 罗斯·卡瓦略斯洞穴（卡斯特利翁省）中描绘狩猎场面的壁画

在新石器时代，半岛居民开始饲养动物，并在公元前3000年左右出现了定居农耕。到了这个时期，遗迹开始出现在平原地区，村落周边的墓地也开始出现经过整

1 近年考古学界提出存在一个从旧石器时代向新石器时代过渡的假定时期，即“中石器时代”（英语：Epipaleolithic），日本学术界也称“亚旧石器时代”。——译者注。若无说明，本书脚注均为译者注。

2 也译作“卡迪兰陶器文化”或“鸟蛤陶器文化”。

理的墓穴。考古人员曾在墓穴中挖掘出象征社会权威的财物，由此可见，当时已经存在着某种程度的阶层区分。在这些墓葬中，最有名的是博比拉·马杜列尔遗址（巴塞罗那省）。

## 金属器时代

从公元前300年开始，伊比利亚半岛出现了新的发展。首先是铜的冶炼，接着是青铜的冶炼，再加上农耕在食物供给方面地位的提高，从而出现了定居聚落。罗斯·米利亚雷斯遗址（阿尔梅里亚省）就是其中的代表，考古人员在四周被墙壁包围的遗址中出土了铜制的斧和刀等物品。此外，还发现了形状类似倒置吊钟的容器，而且这种形态的陶器遍布欧洲各地，由此可见金属交易已经带来了区域间的交流。此外，为进行大规模埋葬而建造的巨石墓地，在半岛各地也随处可见。

公元前1700年左右，半岛使用的主要金属开始由铜转变为青铜，这一点可以通过位于阿尔梅里亚省的埃尔·阿尔加尔文化得到证实。这种文化在从阿利坎特省到格拉纳达省的半岛西南部广泛传播。在这些集落的墓葬中，除了财物，还陪葬有武器。由此可以认定，当时已经形成了拥有强大首领的战士社会。另外，在位于科尔多瓦省的蒙托洛，还发现了属于爱琴文明的迈锡尼式陶器。由此可知，伊比利亚半岛南部在公元前 1200 年左右，就已被纳入地中海贸易圈。

在位于西地中海的巴利阿里群岛，还出现了极具特色的巨石文化。在石圈围场中，包括有保护侧塔、石台、扣船形石垒等具有独特样式的巨石建筑物。其中，T 形石台的具体用途不明，但可以肯定是在埋葬仪式上使用的。

公元前二千年纪末期，伊比利亚半岛上出现了许多新的民族。其中，腓尼基人、希腊人和迦太基人都是渡过地中海来到半岛东部沿岸的。而另有一些印欧语系民族越过比利牛斯山脉来到半岛北部，定居在加利西亚和阿斯图里亚斯，发展出卡斯特罗文化（一种山丘城塞文化）。一般认为，这些以印欧语[1]为基层语言的民族给半岛带来了制造铁器的相关知识，并主要从事农耕和畜牧业，在骨灰坛保管骨灰的火葬文化也是由他们传播开来的。

1　腓尼基人、希腊人、迦太基人也属于印欧语系民族。

## ❸ 古代地中海世界与伊比利亚半岛

### 从地中海舶来的移民

进入公元前千年纪，地中海各民族的贸易和殖民活动变得频繁起来。伊比利亚半岛南部盛产铜、银、金，西北部以及隔海相望的不列颠岛上盛产锡。“锡之路”也随着对青铜的需求增加而变得越来越重要。

最早在伊比利亚半岛西南部建立殖民城市群的是故地为东地中海地区的腓尼基人。现在流传的加迪尔（今加的斯）建城传说对应的时间是公元前 1104 年，到了公元前 8 世纪，此地已经成为商业中心。由此，东方文明开始强烈地影响到这个地区。

公元前 6 世纪，希腊人的活动遍及伊比利亚半岛的地中海沿岸。他们从东北部的恩波利翁（吉罗纳省）到南方的迈纳克（位置不详），修建了许多停靠港口。后来，迦太基人又在西地中海一带扩大势力，并继承了腓尼基人在半岛上的殖民活动，他们的据点有埃比索斯（伊比萨岛）和比利亚里科斯（阿尔梅里亚省）。

### 塔特索斯

在古希腊历史学家留下的史料中，记载着半岛西南部的一个富饶的王国——塔特索斯。很早以前就有人指出，该地名与《圣经》中出现的地名“他施”有关，但这一说法并不明确。不管怎样，半岛南部瓜达尔基维尔河流域的原住民共同体受腓尼基人经济活动的刺激，确实曾建立起稳固的政治体系。

根据公元前 4 世纪的历史学家埃普洛斯的记述，“那里有非常繁荣的市场，有从凯尔特人的土地顺流而下运来的大量锡，以及黄金和铜”。可见，拥有丰富矿产资源的塔特索斯，是在腓尼基人的交易体系中繁荣起来的。但是在腓尼基人退出地中海世界后，这种繁荣也随即结束。虽然在卡兰波罗（塞维利亚省）等地发现了一些金银装饰的华丽财宝，但作为区域核心的城市遗迹却至今没有被发掘出来。

## 伊比利亚人与凯尔特人

作为原住民的伊比利亚人（图尔德泰尼人、巴斯特泰尼人、埃德塔尼人、莱伊塔尼人等的总称）原本主要经营以小麦、橄榄、葡萄为基础的农耕经济，但在与半岛东部和南部的腓尼基人、希腊人及迦太基人的接触中，冶金和金银加工等手工艺生产活动也得到发展，甚至出现了能够使用文字的人。在斯特拉波的《地理学》（公元前 1 世纪）中，图尔德泰尼人被认为是“伊比利亚人中文化水平最高的”，他们拥有“记载着古代记忆的文书、诗歌和韵文写成的法典”。

伊比利亚人的社会中存在着强大的武士贵族阶层，这一点可以从出土公元前 4 世纪的“埃尔切贵妇像”和“巴萨贵妇像”时，同时伴有武器和工具等物品而得到证明。上述考古文物也被认为是伊比利亚人艺术的代表。

图 1–2　埃尔切贵妇像（马德里国立考古博物馆）

另外，在伊比利亚半岛的其他地区，分散着若干凯尔特人（巴克塞奥人、卢西塔尼亚人、卡尔贝尼亚人、凯尔特伊比利亚人）割据集团。其中，居住在中部的凯尔特伊比利亚人被认为是凯尔特人和伊比利亚人的混合体。这些凯尔特人建立了部族制社会组织，以畜牧和少量农耕为生，其手工艺制品和工具相对不太精细，也没有文字。

半岛各地的文化特征也大不相同，越往西北部，来自印欧语系的文化要素越明显，越往东南部，伊比利亚本土的要素越强烈。与南部的伊比利亚人相比，北部的人被认为是未开化的人。同样根据斯特拉波《地理学》中的记述，“住在山上的人”过着简朴的生活，“因为没有贸易活动，所以他们的社交性和人性也没有得到培养”。如后文所述，罗马从地中海沿岸对伊比利亚半岛展开的征服，前后大约花费了200年的时间。

### 西地中海的迦太基

迦太基虽然是起源于腓尼基人在北非建立的殖民城邦，但到公元前4世纪，迦太基已经取代腓尼基人成为势力庞大的商业国家。迦太基进军伊比利亚半岛，最初只是为了确保贸易据点。但是，迦太基在第一次布匿战争（前264—前241年）中败给罗马，失去西西里岛和撒丁岛之后，正式将矛头转向伊比利亚半岛。

在哈米尔卡·巴卡的指挥下，迦太基将统治地区从半岛南部扩大到了中部和东部地区，他的女婿哈斯德鲁巴建立了新迦太基（今卡塔赫纳）作为首都。同样对伊比利亚半岛感兴趣的罗马为了牵制其势力的扩张，在《埃布罗条约》（前226年）中得到了迦太基不越过伊比鲁斯河（今埃布罗河）的承诺。

然而，公元前221年，哈米尔卡·巴卡的长子汉尼拔成为迦太基军队的最高指挥官后，向半岛各部族发动了战争，并于公元前219年进攻并攻陷了罗马的同盟城邦萨贡图姆（今萨贡托）。由此，开启了第二次布匿战争（前218—前201年）。汉尼拔率军从高卢（今法国及周边的广阔地区）翻越阿尔卑斯山侵入意大利，多次战胜罗马军队。

另外，罗马派出格奈乌斯·西庇阿的军团进攻伊比利亚半岛。格奈乌斯与弟弟普布利乌斯一起转入攻势，于公元前212年左右夺回了萨贡图姆。然而，公元前211年，随着格奈乌斯与普布利乌斯战死，罗马的作战也宣告失败。罗马再次将普布利乌斯的儿子（大西庇阿）和1万名士兵一起送入半岛。大西庇阿从埃布罗河向新迦太基急进，攻陷了这座都城。夺取首都的效果立竿见影，许多原住民纷纷脱离迦太基，使得此后的罗马军队屡战屡胜。公元前206年，迦太基被赶出伊比利亚半岛；公元前202年，汉尼拔在扎玛战役中战败，与罗马缔结和约。

虽然在第二次布匿战争中获胜的罗马看上去已将伊比利亚半岛纳入了麾下，但实际情况相差甚远。公元前 197 年，罗马在伊比利亚半岛设置了两个行省，分别为近伊斯帕尼亚行省和远伊斯帕尼亚行省。但是，前者的统治区域仅限于埃布罗河流域和莱万特地区沿岸，后者仅限于瓜达尔基维尔河流域。想要控制整个半岛并不容易。

# ❹ 罗马帝国与“伊斯帕尼亚”的形成

## 罗马的征服

在罗马入侵前，虽然整个半岛都被称为“伊比利亚”，但罗马人将自己在半岛的统治区域称为“伊斯帕尼亚”（Hispania，很可能源自腓尼基语），因此随着统治区域的扩大，这个词开始与伊比利亚同义。虽然以此为语源产生了“西班牙”（España）这一西班牙语概念，但在进入近世之前，这个词指的是整个半岛，并非除葡萄牙以外的领土国家“西班牙”。

在公元前 19 年以前，当地不愿接受罗马统治的各部族发动的叛乱层出不穷。早在公元前 197 年，就曾出现近伊斯帕尼亚行省总督在叛乱中战死的事件。为此，马库斯·波尔基乌斯·加图于公元前 195 年率领一支强大的军团席卷了莱万特地区。但当时罗马对于组织化的有效统治还不太关心，着力点放在掠夺黄金和白银上，此后也只是随时发生叛乱随时派兵应对而已。另一方面，罗马在土壤肥沃的半岛南部建立了殖民城邦。公元前 171 年，意大利半岛外的第一个殖民城邦在卡提亚（加的斯省）建立，主要由退役士兵在此垦屯。

公元前 2 世纪中叶，罗马军队开始挺进半岛中部，控制了梅塞塔地区，但这招致了原统治地区各部族的叛乱。其中最主要的是发生在远伊斯帕尼亚的卢西塔尼亚战争和后文将要详细叙述的近伊斯帕尼亚的努曼提亚战争。卢西塔尼亚人在公元前 154 年发动了叛乱。公元前 139 年，维里阿修斯成为领袖后再次扩大了叛乱，但在他因同伴背叛而牺牲后，战争结束。

卢西塔尼亚是葡萄牙的古名，包括现在葡萄牙及部分西班牙边境区域，维里阿修斯的出生地至今仍不清楚。但 20 世纪，无论在萨拉查还是佛朗哥独裁体制的正史中，都将维里阿修斯作为本国民众抵抗外来入侵的象征而加以彰显。

到了公元前 1 世纪，虽然伊比利亚半岛上罗马与原住民之间的斗争规模已逐渐缩小，但罗马人之间的对抗却越来越激烈。公元前 82 年，成为近伊斯帕尼亚行省总督的昆图斯·塞尔托里乌斯将半岛作为对抗政敌苏拉的据点，并得到了伊斯帕尼亚行省居民的支持，但他在公元前 72 年被暗杀。

此后，罗马共和国进入了动荡时期。由于恺撒、庞培、克拉苏组成的政治协商体制（即“前三头同盟”）崩溃而引发内乱后，伊斯帕尼亚行省再次成为对抗的舞台。公元前 45 年，恺撒亲自率军镇压反抗他的行省总督，取得了蒙达（今奥苏纳）战役的胜利。恺撒遇刺（前 44 年）后，其养子屋大维管辖西部各行省，并击败了马克·安东尼，结束了“后三头同盟”。公元前 38 年被罗马官方正式认定为伊斯帕尼亚平定之年，并设为“伊斯帕尼亚纪年”。后来的卡斯蒂利亚王国将这个伊斯帕尼亚独有的纪年法，一直沿用到 1383 年。

公元前 27 年，赢得了所有内战的屋大维获得“奥古斯都”的称号，拉开了帝政的序幕。他随即展开对整个伊比利亚半岛的征服，陆续降伏了北部地区的坎塔布里亚人和阿斯图里亚斯人部族，于公元前 19 年实现了罗马全境的统治。此时距离第二次布匿战争已经过去了大约 200 年。

## 努曼提亚围城战

让我们把时代稍稍向前拉回。当年的努曼提亚镇位于卡斯蒂利亚东北部的索里亚省，镇郊外坐落着努曼提亚城堡。努曼提亚战争是土著的凯尔特伊比利亚人反抗罗马统治的若干叛乱的统称，始于公元前 153 年，结束于公元前 133 年。战争末期，曾毁灭迦太基城的西庇阿・埃米利安努斯（小西庇阿）展开了长达一年的围城战，罗马军队在四周筑起 7 个要塞并连接起来成为高墙，将努曼提亚城完全包围。在围城的最后阶段，罗马投入了 6 万兵力，而据守的凯尔特伊比利亚人只有 2500 人。据说参加抵抗的人几乎都在饥饿的逼迫下自杀了，剩下的人则作为奴隶被送往罗马。小西庇阿因为这项功绩被授予了“努曼提亚征服者”的称号。

这场战争一直被认为是一个传说，甚至很长一段时间里都没有确定地点。在中世纪的收复失地运动中，凯尔特伊比利亚人已被等同为西班牙人，他们的悲剧开始被史诗般地歌颂。这种潮流的顶点要算是塞万提斯（1547—1616 年）创作的戏剧《努曼提亚之围》（1583 年）了。在这部作品中，胜利一方的罗马是侵略者，失败一方的努曼提亚人则被描写成充满爱国情怀的牺牲者。

此后，努曼提亚成了歌颂西班牙人爱国心和牺牲精神的绝佳素材，无论左翼还是右翼政权都将其用于英雄国民形象的颂扬。进入 19 世纪，随着国民史学的深入，西班牙政府不断推进将境内历史遗迹纳入国家历史的工作，先是在 1882 年将努曼提亚遗址指定为国家史迹，后又于 1905 年在此地营造了纪念碑，当时的国王也出席了揭幕仪式。

## 作为罗马行省的伊斯帕尼亚

虽然罗马成功地平息了原住民的表面反抗，但为了实现统治，就必须对伊比利亚的领土和居民进行重新划分。在奥古斯都时代[1]，伊斯帕尼亚被分为西部的卢西塔尼亚、南部的贝提卡、东部的塔拉戈纳三个行省。3世纪末，在戴克里先的改革下，高卢大区[2]长官下辖的伊斯帕尼亚管区被划分为5个行省，即卢西塔尼亚、贝提卡、加拉埃西亚、塔拉戈纳和迦太基。

奥古斯都曾命令驻守伊比利亚半岛的罗马军团修建道路，从而建成了从北方经塔拉科通往新迦太基的奥古斯塔大道。后来，道路建设又从科尔多瓦（今科尔多巴）延伸到加迪尔（今加的斯），由此强化了伊比利亚半岛的经济网络。随着退役兵入屯，殖民城市的建设得到快速推进，原有城市也陆续发展为自治市。城市的发展伴随着城墙、神殿、剧场、广场、桥梁和水道桥[3]的建设。现在西班牙各地都能看到罗马时代的遗迹，如以世界遗产而闻名的梅里达剧场及塞

---

1 从屋大维获得“奥古斯都”称号统治罗马，到14年他去世的将近半个世纪，被称为“奥古斯都时代”。

2 即近卫大区，是罗马帝国后期的最大一级行政区划，包含二级行政区管区和三级行政区行省。

3 即高架水渠，古罗马特有的建筑。

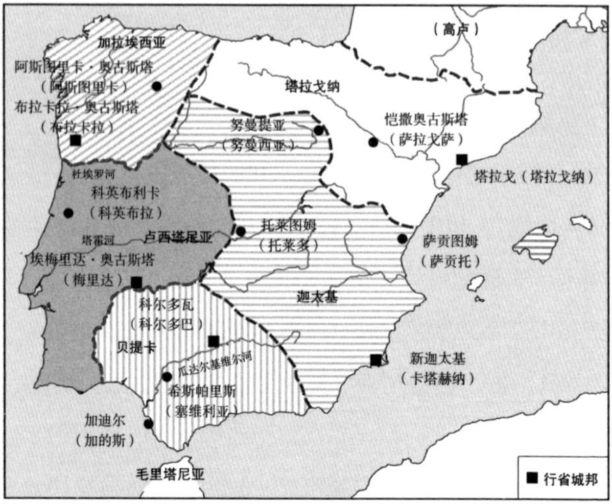


图 1-3　罗马时代的伊斯帕尼亚

哥维亚水道桥等。

随着行省在经济方面重要性的提升，以及各地区原住民罗马化进程的推进，维斯帕西亚努斯在 1 世纪末，决定赋予所有原住民城市拉丁公民权（原本是只有参加罗马与拉丁同盟的城邦才拥有的权利，其中城市公职人员可获得罗马公民权）。由此，行省中的上层人士逐步得到了获得罗马公民权的途径，进一步加强了与罗马的一体化。实现了“罗马治世”（也称罗马和平）的罗马帝国，便开始从共和时期及帝政初期完全由罗马人构成特权阶级的时代，转变为由行省各地的权贵作为政治精英参与统治的体制，伊斯帕尼亚也是如此。而且，来自繁荣安定的伊斯帕尼亚的人群也开始活跃在罗马社会中。不仅有人担任了罗马的护民官、执政官，还诞生了被称为“五贤帝”的图拉真、哈德良等伊斯帕尼亚出身的皇帝。

### 伊斯帕尼亚经济的繁荣

在对半岛进行征服和殖民的过程中，罗马的经济制度也在伊斯帕尼亚确立下来。如大地产制的形成、多种土地私有制、奴隶劳动力的使用、作为生产和商品交换中心的城市以及货币的使用，等等。特别是南部巴埃提卡的各个城市，都过着完全罗马式的生活，科尔多瓦当时更被称为“小罗马”。

农业和畜牧业构成了当地居民的主要经济活动，休耕和灌溉技术的引入提高了农业生产率，巴埃提卡的橄榄栽培使科尔多瓦和希斯帕里斯（塞维利亚）繁荣起来。当地的橄榄油被装在安弗拉（一种陶制容器）里，用船运到罗马。罗马市内曾出土了大量来自伊斯帕尼亚的安弗拉陶片。

现在，在卡塔赫纳（旧新迦太基）的港口建有水下考古博物馆，只要看过该馆的展示，就能明白联系伊比利亚半岛与罗马的地中海贸易的重要性。除了橄榄油，鱼露和盐腌鱼在罗马也很受欢迎。

然而，伊斯帕尼亚为罗马帝国带来繁荣的最重要物产是矿山资源，其开采基本上由皇帝直接管辖。据推算，当时罗马帝国在伊比利亚半岛西北部的拉斯梅德拉斯开采的黄金总量高达 96 万公斤。此外，新迦太基周边和莫雷纳山脉还出产白银，阿尔梅里亚和阿斯图里亚斯出产铜，而阿尔马登出产水银。

## 罗马帝国的危机

进入 3 世纪以后，罗马帝国由于乱立帝位面临存亡危机。西方日耳曼人的入侵，东方与波斯萨珊王朝的战争，都使帝国的跨区域贸易变得困难。大规模的征服事业已经结束，以奴隶为基础的生产制度也无法维持，在皇帝的统治权不及行省的情况下，地方统治者通过使用雇佣兵提高了脱离罗马的独立性。

3 世纪后期，伊斯帕尼亚行省遭到了日耳曼裔的法兰克人和阿拉曼人的破坏性侵攻。东海岸的城市尤其受到了巨大的破坏，巴西诺（今巴塞罗那）和塔拉科都遭到了猛烈袭击。这导致城市的经济和生活陷入混乱，行省间的货币流通匮乏，各地甚至出现了自给自足的状态。同时，农业成为半岛主要的经济活动，庄园变得日益重要。四周被高墙包围的庄园，作为一个安全的居住场所，发挥着农业劳动的组织和庇护空间的双重功能。

4 世纪末，日耳曼诸部族的相继入侵和移民，不断加剧了罗马帝国西半部的崩溃。伊比利亚半岛在 5 世纪初陆续遭到汪达尔人、苏维汇人和阿兰人的入侵，除了塔拉戈纳以外，几乎所有的地区都已经处于入侵者的统治之下。395 年，狄奥多西皇帝去世后，罗马帝国由其两个儿子实行东西分割统治。被委任为西罗马帝国皇帝的霍诺里乌斯为了制止持续不断的“蛮族”入侵，与西哥特人签订了协议，将他们作为罗马的同盟者引入伊比利亚半岛。但是，本应协助罗马防御和控制伊斯帕尼亚各地的西哥特人却由此加强了独立性，并建立了自己的王国。而西罗马帝国则于 476 年瓦解。

### 罗马时代伊斯帕尼亚的文化和基督教

伊斯帕尼亚不仅如前文所述为罗马输送了政治家，还培养出了一批文化人。帝政时期，尼禄皇帝的老师、著名的斯多葛派哲学家塞内加、修辞学家昆体良、诗人卢卡努斯等伊斯帕尼亚出身的文人不胜枚举。在基督教普及的帝政末期，涌现了基督教诗人普鲁登提乌斯、神职人员兼历史学家奥罗修斯等人。

罗马化的过程将拉丁语、罗马的宗教、法律制度带到了伊比利亚半岛，使伊斯帕尼亚人酝酿出了“伊斯帕尼亚-罗马人”的意识。而基督教的普及和教会组织的确立，进一步强化了罗马文化圈的伊斯帕尼亚意识。但这个过程是缓慢而渐进的，因此1世纪圣雅各和圣保罗在伊斯帕尼亚传教的事迹很难说是史实，圣彼得所派遣的“七个传道人”的活动也是后来被大幅改编过的。

但是可以肯定，基督教（罗马天主教）在3世纪下半叶已经在相当程度上实现了对半岛的渗透。根据记载，在将阿里乌斯派视为异端的第一次尼西亚公会议[1]（325年）中，担任主席的便是科尔多瓦主教霍西乌斯。4世纪，曾有在埃尔维拉（今格拉纳达）和恺撒奥古斯塔（今萨拉戈萨）举行教会会议的记载。此外，4世纪末，还发生过阿维拉主教普利西利安，因传教内容道德偏离而被视为异端的事件。

当然，也不能过度解读罗马化和基督教的普及程度。在西北部的加利西亚和阿斯图里亚斯，从古至今一直保留着深厚的凯尔特系诸神信仰。位于西班牙和法国交界处的巴斯克地区则几乎没有受到拉丁语的影响，作为前印欧语的巴斯克语至今仍在当地根深蒂固。

---

1 也译作“大公会议”“普世会议”，是基督教中有普遍代表意义的主教会议。

第2讲

# 从西哥特王国到安达卢斯

5世纪—15世纪

阿尔罕布拉宫（格拉纳达）的狮子庭院

## 大事年表

| | |
|---|---|
| 415 年 | 西哥特人入侵伊比利亚半岛 |
| 418 年 | 西哥特王国建国，定都托洛萨（今图卢兹） |
| 507 年 | 西哥特在武耶战役中被法兰克王国击败 |
| 589 年 | 西哥特王国全体改宗宣言，从基督教阿里乌斯派改为信奉天主教 |
| 625 年 | 至这一时期，东罗马帝国领土从半岛南部完全消失 |
| 654 年 | 《西哥特法典》公布 |
| 711 年 | 伊斯兰势力进入伊比利亚半岛，继而灭亡西哥特王国 |
| 722 年 | 科瓦东加战役 |
| 756 年 | 后倭马亚王朝成立 |
| 880 年 | 伊本·哈弗逊之乱（—928 年） |
| 929 年 | 阿卜杜勒·拉赫曼三世宣布成为哈里发 |
| 1031 年 | 后倭马亚王朝灭亡 |
| 1086 年 | 穆拉比特王朝进入安达卢斯 |
| 约 1150 年 | 穆瓦希德王朝进入安达卢斯 |
| 1212 年 | 在拉斯·纳瓦斯·德·托罗萨战役中，基督徒联军大胜穆瓦希德王朝军队 |
| 1238 年 | 奈斯尔王朝的穆罕默德一世统治格拉纳达 |
| 1486 年 | 天主教双王发动格拉纳达战争 |
| 1492 年 | 格拉纳达王国灭亡 |

## ❶ 西哥特王国

### 西哥特人进入伊比利亚半岛

415 年，南下进入伊比利亚半岛的西哥特人向南部的汪达尔人发起进攻。战败的汪达尔人东渡非洲，以迦太基为首都建立了汪达尔王国，但在 534 年被东罗马帝国灭亡。东罗马帝国军队顺势从非洲一侧的地中海沿岸向半岛展开进攻，并于 555 年占领了半岛南部。

西哥特人在 418 年，以高卢南部的托洛萨（今图卢兹）为首都建立了王国，随后他们的势力从高卢南部扩大到伊斯帕尼亚，到 5 世纪后半期，除西北部的苏维汇王国以外的地区都被纳入其统治之下。另外，西罗马帝国于 476 年灭亡后，各地日耳曼部族所建立的王国纷纷走向自我完结。西哥特王国也一样，它在 507 年的武耶战役中被法兰克王国打败，完全失去了对高卢的控制权。此后，西哥特王国便成为统治范围几乎只限于伊比利亚半岛的王国。

但由于西哥特国王即位依靠传统的选举制，因此王室的统治并不稳定。在6世纪上半叶出现过7位国王，其中有5位被废黜或被暗杀。并且，西哥特王国的混乱局面延续到6世纪，在很大程度上还缘于以下两个主要原因。

其一，作为统治者的西哥特人与被统治者伊斯帕尼亚-罗马人相比，属于绝对少数。这个时期，伊斯帕尼亚-罗马人口有400万—600万人，而西哥特人口只有20万人。顺便说一下，西哥特人使用日耳曼法，而伊斯帕尼亚-罗马人使用的是罗马法（属人法主义）。

其二，西哥特人信仰基督教阿里乌斯派，用哥特语进行礼拜，而占大多数的伊斯帕尼亚-罗马人传统上信仰罗马天主教。对天主教来说，不承认“三位一体”说的阿里乌斯派是异端，因此西哥特人不可能把已经在全国范围内建立教会管区的伊斯帕尼亚教会作为统治基础。

## 西哥特王权的确立

解除根据所属民族集团的不同而适用不同法律的“属人法”状态，对于实现西哥特王国的统一至关重要。直到654年，

图 2–1 圣玛利亚·德·金塔尼利亚·德·拉斯·比涅斯教堂（布尔戈斯省）中的“被两位天使扶持的死去的基督”浮雕

这一问题才终于得到解决。在此前一年即位的国王雷塞斯温德，于 654 年颁布了第一部属地法《西哥特法典》。这部由 12 篇组成的法典在开头便以“一个身体、一个头、一个灵魂”为比喻，强调了王国、国王和法律的一体性。中世纪的西班牙也继承了这部法典，并将其作为《审判集录》使用。

这种“双重国家”的状态在宗教上也同样存在，而且更为严重。6 世纪下半叶，国王利奥维吉尔德于 568 年将内陆地区的托莱多定为首都，扩大了对西哥特王国的统治，但后来其子赫梅内吉尔德发动叛乱，其中便含有宗教政策对立的因素。利奥维吉尔德即位后，终于决定改宗天主教。

589 年，在第三次托莱多公会议召开时，王国全体宣布改宗天主教。[1]

至此，法律和宗教的分裂得以消除，王国的统一进程得到了很大推进。阿里乌斯派的宗教仪式停止后，哥特语也开始走向消亡。尽管如此，西哥特王国还是于 585 年吞并了西北部的苏维汇王国，并于 625 年最终驱逐了以马拉卡（今马拉加）为据点的东罗马军队。不过，半岛北部仍存在巴斯克人、坎塔布里亚人等半独立的民族。另外，从 1 世纪开始就有犹太人不断迁入半岛，他们普遍信奉犹太教。

改宗天主教后的西哥特王国，天主教势力极为强大，被一些学者评价为“神权政治”。虽然不应该过分重视上帝的权威，但在统治王国的王权尚不稳定的时期，势必要对神职人员的影响力加以巧妙利用。633 年的第四次托莱多公会议通过了《王位继承条例》，在选举国王时，权力阶层需要和神职人员进行协商。到 653 年以后，托莱多公会议已成为处理世俗问题的“王国会议”。

天主教国教化还直接导致了对作为异教的犹太教的压迫。前述《西哥特法典》第十二编第二章便规定，严禁源自犹太教的习俗和礼仪。694 年的第十七次托莱多公会议更是

1　此时的国王为雷卡里德一世。

宣布，“伊斯帕尼亚的全体犹太人永久为奴”。这造成 711 年伊斯兰势力席卷半岛时，饱受反犹太法之苦的犹太人非常欢迎能够保障他们信仰自由的新统治者。

## 伊西多尔文化复兴

6 世纪至 7 世纪，天主教会向西哥特王国统治阶层不断渗透，神职人员发挥的作用日益举足轻重。其中，在托莱多公会议上活跃的主教们，借助与国王建立的亲密关系，为知识的传播作出了巨大贡献。在第三次托莱多公会议上，担任首席主教的利安德尔决定促使统治阶层放弃阿里乌斯派，并与罗马教皇格里高利一世结为了好友。

在教会知识分子中，最著名的人物是利安德尔的弟弟，塞维利亚的伊西多尔（约 560—636 年）。他是西塞南多国王的老师，写了很多著作。《哥特、汪达尔及苏维汇诸王国史》是记载伊比利亚半岛民族迁徙时期历史的珍贵史料，《语源》是集成古典古代[1]知识的百科全书，直到中世纪都在被广泛阅读。同时，他还担任了第四次托莱多公会议的首席主教，在此期间致力于天主教会的组织整顿。

1　即“古典时期”，是对以地中海为中心，包括古希腊和古罗马的一系列文明的长期文化史的广义称谓。

此外，萨拉戈萨主教普拉乌里奥、托雷多主教伊尔德方索等与伊西多尔有关的神职人员也积极开展著述活动。他们的活动在8世纪末到9世纪初查理大帝领导下的加洛林文化复兴之前，被称为“伊西多尔文化复兴”。

至于美术工艺品和建筑，则很难掘得全貌。由于托莱多等主要城市的地层都具有多层重叠的历史，所以发掘起来非常困难。从圣胡安·德·罗斯·巴尼奥斯教堂（巴伦西亚省）等建筑遗址可以推测，当时人们追求的是具有装饰性的简化抽象美。另外，在瓜拉萨尔（托莱多省）出土的珠宝饰品，显示了王权与天主教的紧密联系。

## ❷ 伊斯兰势力的进入与安达卢斯的形成

### 伊斯兰势力的扩张

7世纪上半叶兴起于阿拉伯半岛的伊斯兰教，在7世纪下半叶的倭马亚王朝时期开始迅速向东西方世界扩张。711年，伊斯兰势力（阿拉伯人和柏柏尔人）渡过直布罗陀海峡，在数年内几乎控制了整个伊比利亚半岛。伊斯兰势力仅靠一万几千人的军队就取得了这场胜利，有两个主要原因。其一是西哥特王国处于内讧状态，无法组织防御抵抗。其二是伊斯兰势力与各地贵族和权贵缔结了较为宽容的协定，促使他们屈服。根据协定，西哥特贵族被允许保留大部分土地，居民的人身财产得到保障，并允许他们维持基督教信仰。

这些措施并不仅限于伊比利亚半岛。阿拉伯人在从中东全境向埃及、马格里布（埃及以西的北非）扩张的过程中，均将征服地区的原住民视为庇护民，并没有强迫他们改信伊斯兰教。但是，异教徒被要求从属伊斯兰权威，并支付人头税。需要注意的是，这些措施是出于统治广大地区的政权具有容忍不同宗教—法律共同体存在的需要，而与保障作为个人权利的宗教信仰自由无关。同样的措施后来也出现在收复失地运动时期基督教各国的扩张过程中。

由此，少数伊斯兰教徒凌驾于基督教徒和犹太教徒之上的“安达卢斯”（也称“Al-Andaluz”，即伊斯兰教统治下的西班牙地区）的历史拉开了帷幕。随着时间的推移，以在伊斯兰社会中获得安泰和社会地位上升为目的，改信伊斯兰教的基督教徒也越来越多。安达卢斯的基督教徒被称为“莫扎拉布人”，改宗者被称为“穆瓦拉德人”（西班牙语为Muladí，即穆拉迪）。

伊斯兰教徒还试图越过比利牛斯山脉，进一步扩大势力范围，但在732年因被法兰克王国的卡尔·马特尔阻击而放弃。此外，722年，佩拉约在阿斯图里亚斯的科瓦东加也让他们尝到了败北的滋味，但如后文所述，这场战役只不过是一场小规模的冲突。半岛北部是巴斯克人、阿斯图里亚斯人、坎塔布里亚人的世界，他们对西哥特王权抱有敌意，伊斯兰教徒并没有刻意投入兵力去压制难以殖民的地区。于是，安达卢斯的范围被限定在杜埃罗河流域以南。

## 安达卢斯的统治阶层

成为新统治者的伊斯兰教徒，境遇并不完全一样。作为统治精英的阿拉伯人获得了半岛南部和东部的肥沃土地，而北非的原住民柏柏尔人则获得了半岛中部和北部的土地。阿拉伯人内部也存在着北阿拉伯与南阿拉伯的部族对立。此外，741 年，为了镇压柏柏尔人的叛乱，被派遣到北非的叙利亚人中有 7000 人进入半岛，威胁到了作为旧有征服者的“当地人”的权益。

就这样，直到 8 世纪中叶，安达卢斯一直处于阿拉伯人与柏柏尔人、“当地人”与叙利亚人以及南北阿拉伯等错综复杂的对立之中。而且安达卢斯位于以大马士革为首都的倭马亚王朝广大版图最西边的边境地区。从 714 年到 749 年，倭马亚王朝共向安达卢斯派遣了 19 名埃米尔（总督），说明统治并不稳定。因为君临于成分复杂的被统治者（莫扎拉布人、穆瓦拉德人、犹太人）之上的伊斯兰教徒，其自身同样成分复杂，纷争不断。

## 后倭马亚王朝的建立

705 年，大马士革的倭马亚王朝崩溃，被阿拔斯王朝取代，王朝瓦解后的王室幸存者阿卜杜勒·拉赫曼（一世）逃往安达卢斯掌权，并于756年宣布作为埃米尔国独立（后倭马亚王朝建立）。此后直到10世纪，以科尔多瓦为首都的独立的埃米尔国延续了8代，其军事力量主要依靠柏柏尔雇佣兵和萨卡里巴人（斯拉夫人等欧洲奴隶）。后倭马亚王朝仿照阿拔斯王朝，建立了以维齐尔（大臣）和哈吉布（侍从）为中心的统治体制，并在地方主要城市配置了忠于中央的大臣。

在国家组织整顿完成后，阿卜杜勒·拉赫曼一世于8世纪末着手在科尔多瓦建设清真寺。这座清真寺（梅斯基塔）在10世纪下半叶得到扩建后，成为现在西班牙人引以为傲

图 2–2　科尔多瓦清真寺（梅斯基塔）

的威严形象。其连片的双层马蹄形拱门（圆柱森林），令来访者流连忘返（1984 年成为西班牙第一处世界遗产）。

在 9 世纪中叶的阿卜杜勒·拉赫曼二世时期，后倭马亚王朝进一步以阿拔斯王朝为范本，进行了行政财政机构的整备。也有一些人从安达卢斯到东方游学，带回法学知识，随着麦地那的法学家马立克·本·艾奈斯的影响不断增强，马利克派的法学家巧妙地将其理念引入了自己的政治体制。同时期，还有从巴格达移居到安达卢斯的音乐家齐亚卜[1]的音乐，以宫廷为中心广泛传播。

但是，科尔多瓦埃米尔对地方贵族的控制越来越困难。在民族、宗教复杂的安达卢斯，反对中央权力的叛乱接连不断。萨拉戈萨的卡西家族等在伊斯兰教和基督教的夹缝中游移的地方势力，则保持着事实上的独立。

而且，科尔多瓦埃米尔还直白地表露出向臣民加强征税的倾向，招致了地方穆瓦拉德贵族和农民的反对。伊本·哈弗逊之乱（880—928 年）就是其中之一，由于伊本·哈弗逊本人于 899 年改宗基督教，使这场叛乱也带有了民族和宗教起义的性质。

1 本名阿布-哈桑·阿里·伊本·纳菲，齐亚卜（Ziryab）为其波斯语绰号，意思为“松鸡”。

## 安达卢斯的伊斯兰化

到了 9 世纪，前西哥特的臣民逐步开始伊斯兰化，越来越多的人开始接受阿拉伯征服者的语言和生活文化。一方面，日常使用阿拉伯语，而不是西哥特时期的拉丁语和作为口语的罗曼语的莫扎拉布人，以及改宗伊斯兰教成为穆瓦拉德的人都日益增加。另一方面，安达卢斯的阿拉伯语中也吸收了柏柏尔语和罗曼语的单词，也可以称其为一种“安达卢斯阿拉伯语”。

首都科尔多瓦的阿拉伯化和伊斯兰化程度最高。9 世纪下半叶，当地曾断断续续地出现了一些通过侮先知，希望自己被处死的“殉教者”。这样的基督徒的“殉教运动”，在以往被认为是反抗伊斯兰残酷统治的运动。但是，正如煽动这一运动而被处死的欧洛吉亚所记载的那样，其基本动机是出于对主动阿拉伯化和伊斯兰化的同胞的强烈不满和宗教危机意识。

从 8 世纪到 10 世纪，三种天启宗教的启典之民和平共存的“安达卢斯神话”，已退出历史舞台。基督教徒和犹太人虽然享有自治，但都是伊斯兰教徒之下的被统治者，前两者在税制上的负担更重，且不允许对伊斯兰教义进行批评。在这一时期，基督教徒改宗伊斯兰教的进程稳步推进。

## ❸ 伊斯兰诸王朝的繁荣

### 科尔多瓦哈里发国

随着阿卜杜勒·拉赫曼三世（912—961 年在位）的即位，科尔多瓦埃米尔国的政治形势为之一变。他努力镇压反抗的穆瓦拉德人，成功地控制了博巴斯特罗城（马拉加）。随后，他挖出伊本·哈弗逊父子的尸体，暴尸于科尔多瓦的街头。929 年，他解除了与巴格达的关系，宣布成为伊斯兰宗教首领哈里发。

后倭马亚王朝在这个时期称哈里发是有原因的。因为在北非兴起的与阿拔斯王朝哈里发相对抗的法蒂玛王朝已自称哈里发，为了在马格里布的势力斗争中获胜并得到当地柏柏尔人的支持，就必须拥有与法蒂玛王朝同等的宗教权威。阿卜杜勒·拉赫曼三世的儿子哈卡姆二世成功夺回了马格里布西部地区。接下来的希沙姆二世幼年即位，侍从阿尔·曼苏尔成为实际的最高权力者，他果断发起的军事远征，将安达卢斯的版图扩张至历史最大时期。由此时到11世纪初，自称为哈里发这一宗教最高权威的后倭马亚王朝科尔多瓦哈里发国，成为安达卢斯历史上最辉煌的时代。

科尔多瓦哈里发宣扬伊斯兰统治理念，自称“纳西尔”（信仰拥护者），积极起用倭马亚家臣、阿拉伯人和柏柏尔人以取代穆瓦拉德官员。他多次对半岛北部的基督教诸国进行军事远征，在正规军的基础上，他还以萨卡里巴雇佣兵为中心强化了哈里发军队的战斗力。

随着政治的稳定，安达卢斯的主要城市获得了大踏步的成长。首都科尔多瓦成为聚集了大量财富和物资的经济都会，拥有超过10万的人口，与当时的巴格达不相上下。众多知识分子聚集于此又使其具有了文化都市的职能，据说当时其大图书馆曾拥有约5万册藏书。而建于科尔多瓦近郊的麦地那·阿尔扎哈拉古城遗迹，则诉说着其昔日作为王都时的繁荣景象。

### 泰法时期

曼苏尔于1002年去世，他的儿子阿卜杜勒·马利

图 2–3　阿卜杜勒·拉赫曼三世时期营造的麦地那·阿尔扎哈拉宫城

克·穆扎法尔以及阿卜杜勒·拉赫曼·桑丘洛（通称桑丘洛）试图掌握实权，却激化了宫廷中的党争矛盾。1031 年，后倭马亚王朝崩溃，地方势力纷纷建立自己的政权。安达卢斯进入了第一次泰法[1]（诸小邦割据）时代。

在科尔多瓦，曼苏尔时代进驻的被称为“新柏柏尔人”的柏柏尔军团、原本的安达卢斯人以及萨卡里巴人之间的对立激化，直接导致市内荒芜。就连麦地那·阿尔扎哈拉和麦地那·阿扎希勒等郊外壮丽的宫殿也被彻底摧毁。

在 20 多个泰法王国中，最主要的是位于上边境地区以

1　Taifa，在阿拉伯语中意为领地。

萨拉戈萨为中心、中边境地区以托莱多为中心、下边境地区以巴达霍斯为中心的王国，在安达卢斯南部，塞维利亚王国的国力凌驾于科尔多瓦之上。还有由新柏柏尔人创建的格拉纳达，由萨卡里巴人创建的巴伦西亚。互相竞争的泰法诸王反复分合重组，并通过向北部的基督教诸国支付帕利亚（军事贡纳金）来维持独立。

在这种情况下，北部的基督教诸国趁着安达卢斯的混乱推进收复失地运动，如后文所述，卡斯蒂利亚 - 莱昂国王阿方索六世在 1085 年实现了对托莱多的再征服。托莱多的陷落让巴达霍斯、塞维利亚、格拉纳达的诸王产生了危机意识，迫使他们向对岸马格里布的穆拉比特王朝求救。

## 穆拉比特王朝与穆瓦希德王朝

在 10 世纪科尔多瓦哈里发国空前繁荣的基础上，安达卢斯与马格里布地区的关系也得到了加强。穆拉比特王朝起源于 11 世纪上半叶以伊本 · 雅辛为精神领袖的伊斯兰改革运动，王国以首都马拉喀什为中心，向北延伸至直布罗陀海峡。伊本 · 雅辛曾在科尔多瓦学习，穆拉比特王朝的统治者非常欢迎这位安达卢斯的马利克派法学家。

在泰法诸王的求救下，穆拉比特王朝的优素福 · 伊本·塔什芬跨过直布罗陀海峡，于 1086 年在萨格拉哈斯战胜阿方索六世，但不久后便对泰法诸王产生了不信任，将他们悉数扫清。柏柏尔人虽然没能阻止阿拉贡国王阿方索一世对萨拉戈萨的占领（1118 年），但还是迟滞了收复失地运动，直到进入 12 世纪 40 年代，他们才将安达卢斯并入了自己的帝国。

但是，长年驻军给穆拉比特王朝造成了巨大的财政负担。为此而征收的临时税招致安达卢斯居民的强烈反感，他们与习俗不同的柏柏尔系游牧民族士兵之间的矛盾也日益明

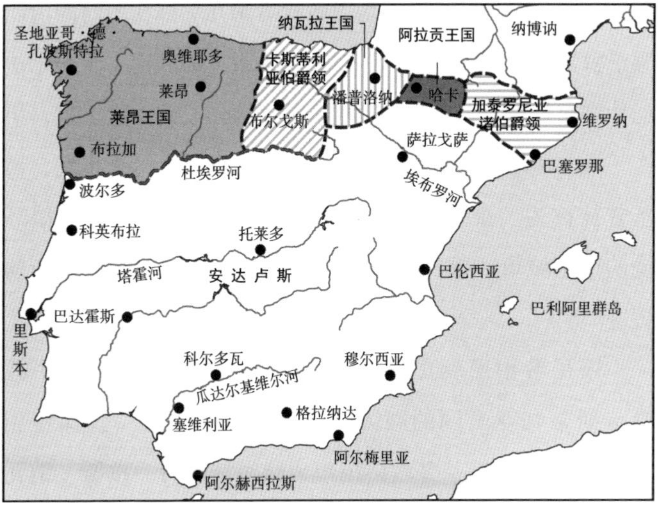


图 2-4　10—11 世纪的伊比利亚半岛

显。这一时期，神秘主义的思想运动苏菲主义在居民之间传播开来，而马利克派法学家拙劣的应对进一步导致了居民的动摇。

源于摩洛哥阿特拉斯山脉的穆瓦希德运动，在 11 世纪 30 年代阿卜杜勒·阿尔穆明领导时期不断壮大，并于 1147 年征服马拉喀什，消灭了穆拉比特王朝。自称是唯一神信徒（穆瓦希德）的穆瓦希德王朝（—1269 年），于 12 世纪 50 年代开始对伊比利亚半岛正式入侵。

穆拉比特王朝对安达卢斯的统治于 1145 年左右瓦解，直到穆瓦希德王朝到来为止，泰法诸国又在各地重新复活（第二次泰法时期）。这些地方政权后来几乎都在短时间内屈服于穆瓦希德王朝，但以穆尔西亚为根据地的伊本·马尔达尼什牢牢控制着广大东南部地区。直到 1172 年其去世，伊本·马尔达尼什与穆瓦希德势力对抗了四分之一个世纪，被基督徒称为“狼王”。现在的穆尔西亚仍然是一座城墙环绕的要塞城市，每次在市中心进行再开发时都会发现新的古迹。

穆瓦希德王朝虽然在 1195 年的阿拉科斯之战中战胜卡斯蒂利亚王国的阿方索八世，战略优势一直保持到 13 世纪初，但当基督教诸国组成联军侵攻时，拉斯·纳瓦斯·德·托罗萨（哈恩省）的惨败，使其在军事上尽显劣势。在安达卢斯，反柏柏尔情绪和对被马利克派法学家视为异端的陶希德神学的反感与日俱增。由于安达卢斯的局势日趋混乱，加之面临马格里布崛起的马林王朝的挑战，穆瓦希德王朝于1228年前后退出了安达卢斯。

安达卢斯再次进入地方政权相互征伐的群雄割据时代（第三次泰法时期）。这种分裂状态显然便于基督教诸国的南下，大收复运动（参见第3讲）的结果是，13世纪中叶，安达卢斯只剩下奈斯尔王朝的格拉纳达王国。

## 安达卢斯的文化

在与基督教诸国的军事对抗中，将保卫伊斯兰社会作为至高无上目标的穆拉比特王朝和穆瓦希德王朝，对其安达卢斯治下的莫扎拉布人和犹太人施加了巨大的社会压力。作为异教徒的庇护民，明里暗里被逼迫面对着是改宗伊斯兰教，还是移居基督教诸国或马格里布的问题。其结果是，到13世纪中叶，安达卢斯的居民已经几乎都是伊斯兰教徒了。

出生于科尔多瓦的犹太哲学家迈蒙尼德（1135—1204年）就因厌恶穆瓦希德王朝的统治而移居埃及。不过，在伊斯兰教知识分子中，随着传统的马利克派法学组织逐渐松动，一些哲学家也开启了新的知识营造活动。伊本·图菲勒和伊本·鲁什德（1126—1198 年）是其中的代表，后者对亚里士多德哲学进行了大规模的诠释，对中世纪的经院哲学产生了很大的影响。在西欧，他被称为阿威罗伊。

11—12 世纪，是安达卢斯各地文化活跃发展的时代。其原因在于文化人此时纷纷离开了荒废的科尔多瓦，投奔各地泰法诸王以寻求庇护。而穆拉比特和穆瓦希德王朝也从不压制伊斯兰教徒的学术活动。例如，伊本·哈兹姆一边在各地流浪，一边创作了题材广泛的各类著作。其文学作品《斑鸠的项圈》被认为是伊斯兰恋爱论的典范。伊本·库兹曼的抒情诗对吟游诗人文学（中世纪以法国南部为中心传播的奥克语抒情诗）产生了较大影响。此外，历史学和地理学也获得了很大的发展，当然必须承认这是以伊斯兰世界的辽阔版图为基础的。出生于休达的阿尔·伊德里斯（1100？—1165年？），在 1154 年绘制出了当时最准确的世界地图。

## ❹ 奈斯尔王朝格拉纳达王国

### 阿尔罕布拉宫

奈斯尔王朝于 1232 年由穆罕默德一世建立。1238 年统治格拉纳达，并以此为首都的奈斯尔王朝格拉纳达王国，一直延续到 1492 年格拉纳达陷落。由于当时还要防备北非的马林王朝，如果为完成收复失地运动向格拉纳达王国用兵的话，对卡斯蒂利亚为首的基督教诸国来说负担太大。奈斯尔王朝作为卡斯蒂利亚国王的封建家臣，负有支付贡纳金的义务，这一点在牵制马林王朝军事介入的意义上也是有利的。也就是说，格拉纳达王国是在卡斯蒂利亚王国和马林王朝的力量平衡下，巧妙存续下来的。

14 世纪中叶，由于瘟疫的流行和特拉斯塔马拉内乱的爆发，卡斯蒂利亚王国无法展开大规模的军事行动。马林王朝也从这个时期开始因内讧而走向衰落。在这种国际形势下，从 14 世纪中叶到末期，奈斯尔王朝在优素福一世和穆罕默德五世的统治下，迎来了一个安定繁荣的时代。

位于格拉纳达东南山坡上的阿尔罕布拉宫（原本是一座阿拉伯语“红色城塞”之意的城堡）是奈斯尔王朝黄金时代的象征。这座宫殿起源于 9 世纪的军事要塞，在优素福一世和穆罕默德五世时期进行了大规模扩建，大致确立了现在的样子。16 世纪，哈布斯堡王朝的卡洛斯一世（卡尔五世）曾在其中一角建造了一座文艺复兴风格的宫殿，幸运的是他没有进一步动工。在此前作为敌人的异教徒的寺院和宫殿均遭到严重破坏的情况下，这座宫殿得以保存成为一个特例。现在，穆罕默德五世下令建造的“狮子中庭”等建筑，已成为西班牙屈指可数的世界遗产，吸引了各国的旅行者前来参观。

### 热那亚人的商业网络

作为小国的格拉纳达王国，直到 15 世纪上半叶都没有陷入任何危机，独享繁荣昌盛，还有一个重要的原因。安达卢斯商人原本在地中海贸易中起到了沟通东西方往来的重要作用，科尔多瓦哈里发国灭亡后，在穆拉比特王朝和穆瓦希德王朝时代，以意大利热那亚商人为代表的基督徒商船又开始承担起了同样的角色。

到奈斯尔王朝时期，热那亚商人的重要性进一步增强。作为非伊斯兰教徒的他们不但获得了居地特权，还可以收购王国境内出产的甘蔗、干果、丝织品，出口到意大利各城市和佛兰德斯地区（现在的荷兰西南部到比利时西部、法国东北部地区，这里是欧洲毛纺织业发展最早的地区，15 世纪后为哈布斯堡王朝的领地）等欧洲各地。同时，他们为格拉纳达带来了佛兰德斯和英国（英格兰）的毛纺织品，以及来自东地中海的香料等商品。此外，他们还从马格里布进口黄金、黑人奴隶以及谷物。其中原因在于，收复失地运动导致许多伊斯兰教徒从塞维利亚和科尔多瓦移居至此，仅靠格拉纳达王国境内的生产无法维持社会所需。

在格拉纳达王国境内的港口中，马拉加和阿尔梅里亚最为重要。格拉纳达市内有一座叫作“科拉尔·德尔·卡文”的建筑，是 14 世纪的风渡客（意大利语：fóndaco，服务商人的旅馆兼仓库），能够让人联想到过去热那亚商人的活动景况。

随着 15 世纪以后欧洲人进军大西洋，位于半岛西海岸的马德拉群岛和加那利群岛不断得到开发，当时的新兴经济作物甘蔗也在这些大西洋群岛上被广泛种植。由于大西洋方面经济重要性的增加，热那亚商人对格拉纳达王国的兴趣逐渐减弱。格拉纳达沿岸治安的恶化也助长了这种倾向。到了 15 世纪下半叶，奈斯尔王朝开始停滞不前。

格拉纳达王国经济上的困难还伴随了王族之间的争斗和大臣之间的党派斗争等政治和军事上的混乱，甚至连统治者的谱系都无法确定，以致由此反复发生篡夺王位的情况。葡萄牙在 1415 年征服了与格拉纳达王国隔海相望的休达，卡斯蒂利亚则在 1462 年夺取了直布罗陀。1465 年，马林王朝灭亡，马格里布也陷入群雄割据的状态，格拉纳达期待伊斯兰势力越过直布罗陀海峡进入半岛的希望也随之破灭。

然而，到了 15 世纪中叶，卡斯蒂利亚王国和阿拉贡联合王国（这两个王国的性质都将在后文详细叙述）由于内部政治混乱，仍然无暇将触角伸向格拉纳达王国。但当 1469 年卡斯蒂利亚的伊莎贝拉和阿拉贡的费尔南多结婚，平息内乱并巩固了“同君联合”时，奈斯尔王朝灭亡的命运就已经注定了。

1482 年以后，卡斯蒂利亚王国每年都发动进攻，夺取了格拉纳达王国一座又一座要塞和城市。重镇马拉加和阿尔梅里亚分别于 1487 年和 1489 年被夺取。即便到了这个阶段，奈斯尔王朝的内讧也仍未停止。1492 年 1 月，伊莎贝拉和费尔南多，即“天主教双王”完成了格拉纳达市的入城仪式。安达卢斯最后的国王穆罕默德十一世（西班牙语中称为 Boabdil，布阿卜迪勒）流亡到摩洛哥的菲斯，基督教徒的收复失地运动结束。但不光是投降的格拉纳达，阿拉贡和巴伦西亚境内也仍有很多伊斯兰教徒继续居住。围绕他们的处置问题，又持续了 100 多年。

在下一讲中，时代将向前回溯，看看在对抗伊斯兰教势力入侵和占领半岛的过程中，基督教诸国的形成历程。

## 第 3 讲

# 多样化的中世纪西班牙世界

### 8 世纪—15 世纪后期

托莱多大教堂

## 大事年表

| | |
|---|---|
| 711 年 | 伊斯兰势力进入伊比利亚半岛，西哥特王国灭亡 |
| 722 年 | 科瓦东加之战 |
| 801 年 | 法兰克王国军队攻占巴塞罗那，在西班牙设立边境封地 |
| 910 年 | 阿斯图里亚斯王国迁都莱昂，建立莱昂王国 |
| 961 年 | 卡斯蒂利亚伯爵领脱离莱昂王国独立 |
| 1085 年 | 卡斯蒂利亚 - 莱昂国王阿方索六世攻占托莱多 |
| 1137 年 | 巴塞罗那伯爵拉蒙・贝伦格尔四世与阿拉贡公主佩特罗尼拉结婚，阿拉贡联合王国成立 |
| 1157 年 | 卡斯蒂利亚 - 莱昂王国分裂，卡斯蒂利亚王国和莱昂王国各自独立 |
| 1212 年 | 在拉斯・纳瓦斯・德・托罗萨战役中，基督徒联军大胜穆瓦希德王朝军队 |
| 1230 年 | 海梅一世征服马略卡。卡斯蒂利亚王国和莱昂王国重新合并为卡斯蒂利亚王国 |
| 1245 年 | 海梅一世征服巴伦西亚 |
| 1348 年 | 瘟疫流行，人口大幅减少 |
| 1369 年 | 卡斯蒂利亚王国开始进入特拉斯塔马拉王朝 |
| 1391 年 | 各地发生反犹暴动。从这时开始，犹太皈依者剧增 |
| 1412 年 | 在卡斯佩会议上，特拉斯塔马拉家族的费尔南多被选为阿拉贡联合王国国王 |
| 1462 年 | 加泰罗尼亚陷入内乱（—1472 年） |
| 1469 年 | 卡斯蒂利亚公主伊莎贝拉和阿拉贡王子费尔南多（后来的天主教双王）结婚 |

# ❶ 收复失地运动的开启与基督教诸国的形成

## 科瓦东加之战与收复失地运动

后文将介绍的佛朗哥在 20 世纪其长期独裁体制中所倡导的历史认识，是由 19 世纪创立的国民史学（参见第 7 讲）传统所支撑的。从 722 年的科瓦东加之战到 1492 年攻陷格拉纳达的约 800 年，被称为“收复失地运动”时代，主导这一运动的是长期致力于整合基督教诸国的卡斯蒂利亚王国历代国王，他们也被认为是西哥特王国血脉的继承者。由于实现了将西班牙作为统一天主教王国的“复兴”，卡斯蒂利亚王权的正统性受到了历朝历代的宣扬。

然而，他们最初并未怀有从异教徒手中夺回国土的理念。中世纪还没有“收复失地运动”（西班牙语：Reconquista）这个词。不过，9 世纪半岛西北部的加利西亚“发现”被认为是十二使徒之一的圣（大）雅各坟墓的事件，可以确定其中包含了当地人为将自己定位于欧洲基督教世界而作伪的成分。而在10世纪初《阿方索三世编年史》的叙述中，也称“复兴哥特人的军队”和“击退异教徒”是科瓦东加战役的主要动机。

但这部编年史也有很多夸张之处。据说在圣母玛利亚的保佑下，异教徒士兵被杀死了12.5万人。然而，在17世纪初马格里布历史学家阿尔·马卡里对阿拉伯征服安达卢斯的叙述（《安达卢斯的绿枝条》）中，佩拉约国王只率领了300名随从，据说战斗的结果是士兵人数折损了十分之一。即使承认佩拉约的西哥特人出身，但在他麾下的几乎都是不屈服西哥特统治的阿斯图里亚斯人。虽然佩拉约所建立的抵抗根据地不久发展成为阿斯图里亚斯王国，但与西哥特王国的连续性却难以被认定为史实。

12世纪以后的收复失地运动明显带上了十字军的色彩。由于穆拉比特王朝和穆瓦希德王朝成为安达卢斯的统治者后，与基督教诸国的对立加深。以罗马教皇倡导的十字军为契机，伊比利亚半岛的基督教诸国掀起了收复失地运动的高潮。其结果是，基督教诸国在1212年的拉斯·纳瓦斯·德·托罗萨战役中取得了胜利。

然而在位于宗教过渡地区的伊比利亚半岛上，基督教诸国夺回安达卢斯的领土并不意味着驱逐伊斯兰教徒。1085年，卡斯蒂利亚-莱昂国王阿方索六世再次征服托莱多后，自称为“两种宗教的皇帝”，即基督教徒和伊斯兰教徒双方的君主。此后，伊斯兰教徒被称为“穆德哈尔”（西班牙语：Mudéjar）人，被允许在基督教徒社会中存在。

11世纪的罗德里戈·迪亚斯·德·维瓦尔（通称艾尔·熙德）是西班牙历史上十分著名的武将，但他其实并不是后来传统国民史学中所推崇的那种虔诚的基督教拥护者。和意大利雇佣兵一样，他只是遵照契约与毫无瓜葛的宗教进行战斗。因此不能把歌颂他的史诗《我的熙德之歌》（1207年前后）当成史实。12世纪，费尔南多·罗德里格斯·德·卡斯特罗等人都有过类似的活跃表现。

## 圣地亚哥巡礼与“摩尔人杀手”圣雅各

位于西班牙西北部的圣地亚哥·德·孔波斯特拉是圣雅各墓的“发现”地。从11世纪到12世纪，随着收复失地运动前线不断向南推进，这里聚集了来自欧洲各地的朝圣巡礼者，与罗马、耶路撒冷并称为基督教三大巡礼圣地。从比利牛斯地区到孔波斯特拉的朝圣之路沿线发展出了布尔戈斯和莱昂等城市。这条朝圣之路还极大地推动了莱昂和卡斯蒂利亚的经济发展。

对于谋求扩大领土的王权来说，圣雅各不仅是拯救灵魂的圣者，还是与“摩尔人”（伊斯兰教徒）战斗的守护神。随着11世纪的克拉比霍之战（也有说法为834年、844年、859年）中，圣雅各骑着白马出现拯救基督徒军队的奇迹故事广为流传，其“摩尔人杀手”圣雅各的形象就此成立。在15世纪末西班牙人开始征服新大陆时，圣雅各的传说也鼓舞了征服者。

## 莱昂王国与卡斯蒂利亚伯爵领

阿斯图里亚斯王国趁着埃米尔势力衰弱，占据了杜埃罗河以北的土地，并于910年将首都迁至莱昂。此后的王国称为莱昂王国，并以西哥特王国的继承者自居。但到了10世纪末，在曼苏尔的反攻下，王国陷入危机境况。

莱昂王国在其东部，设立了卡斯蒂利亚伯爵领。这个以对抗安达卢斯而建造的城堡群（卡斯蒂略）为核心形成的伯爵领，由于带有浓厚的军事色彩，到了10世纪下半叶，实际上已经脱离了莱昂王国，成为独立的地方政体。1065年，卡斯蒂利亚伯爵兼莱昂王费尔南多一世（后述）将伯爵领作为王国继承给了长子桑乔二世。

在西欧，主君将领地封给家臣，要求家臣为军队服务的封建关系，到 11 世纪已确立为封建阶层秩序。但是，处在与伊斯兰社会交界地带的基督教诸国，这种秩序是流动的。家臣即使不依靠主君也能获得领地，而且主君在军事上可依靠的力量不仅限于封建贵族，还有平民骑士和骑士修道会。

在卡斯蒂利亚地区，伴随着对无主地和荒芜土地再殖民运动的开始，自由土地作为特权被赋予垦殖者，产生了不借助封建贵族而与王权直接结合的自由农民。其中也出现了拥有骑兵装备的人，他们成为拥有免税特权的平民骑士（也称民众骑士），并组建了边境要塞城市的民兵队伍。在卡斯蒂利亚中部的收复失地运动中，这些平民骑士发挥了很大作用。

而在南下安达卢斯的过程中，骑士修道会也起到了巨大作用。12 世纪后期，相继出现了卡拉特拉瓦、阿尔坎塔拉、圣地亚哥三大骑士团。这些骑士修道会抵御了穆瓦希德王朝的进攻，保卫了梅塞塔南部地区，并在后述的 13 世纪大收复运动的征服活动中掌握了主导权。

## 纳瓦拉王国的发展与停滞

在比利牛斯山脉西部，巴斯克人虽然同时受到来自北方法兰克王国和南方安达卢斯的压力，但仍然维持着西哥特时代以来的自主社会。写于11世纪的法国叙事史诗《罗兰之歌》，描写了法兰克王国将领罗兰为抑制安达卢斯扩张而战斗的事迹，但实际上故事中其在朗塞斯瓦尔峡谷战役的失败（778年）是巴斯克人的攻击造成的。9世纪前期，巴斯克人集结在伊尼哥·阿里斯塔麾下，建立了潘普洛纳王国，10世纪末自称纳瓦拉王国。

11世纪上半叶，桑乔三世（桑乔大帝）吞并了东部的阿拉贡伯爵领和西部的卡斯提尔伯爵领，此后又占领了莱昂王国并将其置于保护国地位，使纳瓦拉王国由此成为半岛北部的霸权国家。但在1035年他去世后，其遗产被四个儿子瓜分。继承卡斯蒂利亚伯爵领的次子费尔南多先是成为卡斯蒂利亚国王，在莱昂国王贝尔穆多三世于1037年去世后，他又继承了莱昂王国王位，建立了卡斯蒂利亚-莱昂王国。继承阿拉贡的拉米罗最后也登基称王，建立了阿拉贡王国，并在11世纪下半叶吞并了剩余的桑乔领地。

12世纪上半叶，纳瓦拉王国再次成为独立国家，圣地亚哥巡礼活动盛行，潘普洛纳、哈卡等城市也随之繁荣起来。但是，在西有卡斯蒂利亚王国、东有阿拉贡联合王国不断发展扩大，北方还有法国牵制的情况下，独立王国很难继续存在。小国纳瓦拉在进入法国势力范围后，很快又受到了卡斯蒂利亚的影响。进入 15 世纪，纳瓦拉王国经历了严重的内乱，于 1512 年被卡斯蒂利亚占领，1515 年被并入卡斯蒂利亚王国。

阿拉贡王国在 10 世纪 60 年代，以用兵于安达卢斯的萨拉戈萨王国为起点，正式开启收复失地运动，并于 1118 年占领了萨拉戈萨。由于王国疆域一下子扩大到埃布罗河以南，为了地方防卫的需要，阿拉贡王国将主要城堡交给贵族家族世袭管理。通过拥有城堡和履行军事义务，贵族与王权建立了联系，诞生了一个领主拥有强大权力的社会。

### 伊斯帕尼亚边境领和巴塞罗那伯爵的优势

法兰克国王查理大帝（卡尔）将伊比利亚半岛东北部定位为对抗伊斯兰势力的防卫地带。为此，他于 785 年征服了吉罗纳，801 年征服了巴塞罗那，从而将加泰罗尼亚北部纳入统治之下。这个地区虽然被称为伊斯帕尼亚边境领，但并非统一政体，而是由隶属法兰克王权的各伯爵领地拼凑而成的。

整个 9 世纪，作为交界地带而成为无主地的加泰罗尼亚北部地区（也称“旧加泰罗尼亚”），以比利牛斯山麓一带为起点，出现了大量的移民活动，产生了许多自由农民，他们也会承担兵役成为各伯国的兵源。卡斯蒂利亚的情况与之类似。

在诸伯爵中，巴塞罗那伯爵是最有实力的，但 9 世纪末流传的关于加泰罗尼亚国旗的逸事（据说绰号“多毛伯爵”的威弗雷多一世受伤后，作为主君的法兰克国王查理二世去探望他时，用手擦拭了威弗雷多的胸部，旁边的金色盾牌上随即沾上了四条血纹，从此成为威弗雷多的纹章），却与史实相去甚远。另外，虽然博雷尔二世拒绝向法兰克国王宣誓效忠的 988 年，被加泰罗尼亚国民史学（为了对抗 19 世纪西班牙国民史学的历史创造，加泰罗尼亚的历史学家们描绘的历史图景中，侧重于强调加泰罗尼亚的独特历史历程，见第 7 讲）称为建国之年，但直到 1258 年，法兰克王国都未承认其独立。“加泰罗尼亚”这个地理名称，也是在收复失地运动取得重大进展的 12 世纪以后出现的。

尽管如此，10 世纪以后，以巴塞罗那伯爵领为中心的区域政治整合取得了较大进展。巴塞罗那和吉罗纳的城市发展也很明显。巴塞罗那伯爵与周边其他伯爵和地方实力贵族缔结了臣服契约，实现了封建统治关系的序列化。从 11 世纪到 12 世纪，《巴塞罗那习惯法》不断完善，成为新的封建社会秩序的法律基础。

12世纪，阿拉贡王国受到卡斯蒂利亚-莱昂王国霸权的威胁，开始接近巴塞罗那伯爵领。1137年，阿拉贡国王拉米罗二世在将公主佩特罗尼拉嫁给巴塞罗那伯爵拉蒙·贝伦格尔四世后，自动退位。由此诞生了阿拉贡联合王国，在同一座王冠下，诸国（阿拉贡和加泰罗尼亚，后来还有巴伦西亚）维持了各自的法律、制度、语言等独立。这种基于王朝原则的松散的同君联合，可以说开了近世欧洲“复合君主政体”的先河。

## ❷ 卡斯蒂利亚王国的扩张

### 卡斯蒂利亚王国的发展

由费尔南多一世建立的卡斯蒂利亚 - 莱昂王国虽然是一个同君联合政体，但在与纳瓦拉王国和阿拉贡王国相争的过程中，版图仍不断扩大。1065 年，卡斯蒂利亚王国和莱昂王国分裂，前者由桑乔二世统治，后者由阿方索六世统治。1072 年，桑乔遇刺，阿方索又兼任了卡斯蒂利亚王国国王。

如上所述，卡斯蒂利亚 - 莱昂国王阿方索六世加速了对杜埃罗河以南地区的收复失地运动，并于 1085 年趁伊斯兰教徒相互争斗之机，征服了塔霍河沿岸的古都托莱多。其结果是，卡斯蒂利亚 - 莱昂王国将自身与安达卢斯的交界地带南推到了塔霍河流域。而西哥特王国的首都托莱多重回基督教徒手中，产生了非常巨大的心理效应。

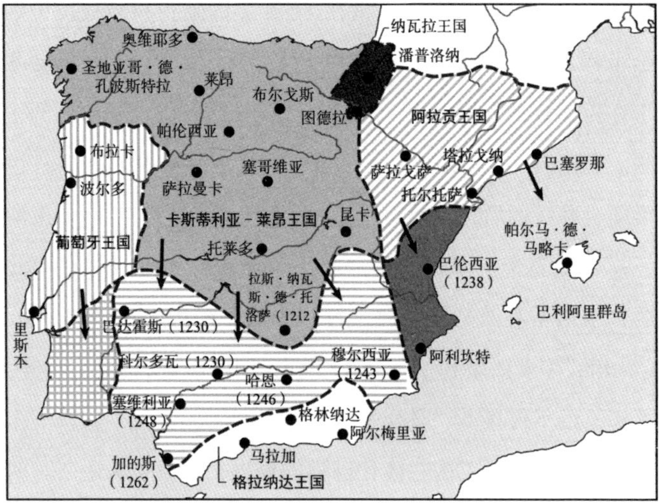


图 3–1　13 世纪的大收复运动

接下来的女王乌拉卡统治时期，是一个内忧外患的时代。在穆拉比特军队的攻势下，收复失地运动停滞不前，朝圣之城圣地亚哥甚至出现了自治运动（西班牙语：commune，以脱离领主统治为目标的运动）。但 1126 年即位的阿方索七世，巧妙地利用泰法诸国的内斗，将伊斯兰势力从塔霍河流域一扫而空。将在后文叙述的“托莱多翻译院”也属于这个时代。

1157 年，阿方索七世死后，王国再次分为卡斯蒂利亚王国和莱昂王国，但掌握收复失地运动主导权的是卡斯蒂利亚王国。虽然阿方索八世在 1195 年的阿拉科斯战役中败给了穆瓦希德的军队，但是在 1212 年，他率领的基督徒联军在拉斯·纳瓦斯·德·托罗萨战役中战胜了穆瓦希德的军队。1230 年，卡斯蒂利亚王国和莱昂王国被费尔南多三世重新合并。此后，两国再也没有分裂，并与阿拉贡联合王国一样，以多个王国被置于一座王冠下统治的形式存在。此后，卡斯蒂利亚王国在西班牙语中的名称虽为“Corona de Castilla”（卡斯蒂利亚王冠），但由于其域内的集权化趋势，其实已经不再具备“联合王国”的特征了。

卡斯蒂利亚王国一体化进程的推进，得益于从这个时期开始限嗣继承（多为长子继承）家产的普遍化。在各王国的竞争中，为了同一王朝的存续，多个儿子分割继承显然是不合适的。贵族为了家族存续，也在这个时期开始实行限嗣继承制度，到 15 世纪，这种限嗣继承制度已经固定下来。

## 大收复运动的实现

在拉斯·纳瓦斯·德·托罗萨战役中获胜的卡斯蒂利亚王国，在费尔南多三世统治时期开始执行大收复运动，占领了除格拉纳达、马拉加、阿尔梅里亚以外的几乎整个安达卢西亚地区（13 世纪后对西班牙南部的地理称谓，源于统称半岛伊斯兰教控制区的“安达卢斯”一词）。17 世纪，费尔南多因在收复失地运动中的功绩被封圣，被称为“圣王”。

接下来的阿方索十世，为了统领急剧扩大的王国疆域，以罗马法为基础编纂了《七部法典》等律法，致力于王国在法律、制度上的统一。但是，王权强化政策除了招致再征服地区的穆德哈尔人暴动，也遭到谋求维持原有特权的贵族和城市的反抗。

14 世纪上半叶，阿方索十一世统治时期通过占领直布罗陀和阿尔赫西拉斯，解除了摩洛哥马林王朝入侵伊比利亚半岛的威胁。但是从该世纪中叶开始，卡斯蒂利亚进入了危机时代，对奈斯尔王朝的军事挫败使其无力将收复失地运动继续下去。

从 13 世纪到 14 世纪初，卡斯蒂利亚王国的扩张成为其经济顺利发展的支撑，尤其随着羊毛生产的扩大，以塞哥维亚、托莱多、昆卡等地为中心的毛纺织业得到了长足发展。这是因为收复失地运动从埃斯特雷马杜拉推进到安达卢西亚，确保了教会及世俗大领主能够拥有广阔的草场，使得梅塞塔北部和南部的远距离流动畜牧成为可能。这种依靠移牧饲养的美丽诺羊的羊毛产生了很高的市场需求，使卡斯蒂利亚羊毛生产不断扩大的趋势一直持续到近代。阿方索十世为此设立了全国梅斯塔协会作为流动畜牧业者的全国组织，并给予特权和审判权加以保护。

## 卡斯蒂利亚王国的危机

1348 年席卷伊比利亚半岛的鼠疫，于翌年蔓延到了卡斯蒂利亚。14 世纪前期，由于气候反常和持续歉收，基层民众营养状态严重恶化，导致了大量死亡，人口损失近两成。人们开始进入日常需要直面死亡的时代，这种恐怖感在当时被称为“死亡之舞”。

在 13 世纪的大收复运动中，来自梅塞塔中部的垦殖者原本已在安达卢西亚形成了具有相当数量的小土地所有人，但由于人口减少和经济困难，农民逐渐放弃土地。作为近代安达卢西亚一大特征的大庄园制，很大程度上就是这一时期有实力的贵族聚集弃地的结果。

在种种危机中即位的佩德罗一世，下令控制物价和工资，将农民与土地捆绑，以防止社会的动荡。他抛出了削弱大贵族影响的王权强化政策，同时重用犹太势力和下级贵族出身的文官。

1354 年，在王权和贵族对立加深的情况下，佩德罗的异母弟弟恩里克·德·特拉斯塔马拉发动政变，夺取了佩德罗的王位。阿拉贡联合王国、葡萄牙王国、奈斯尔王朝、格拉纳达王国、纳瓦拉王国等各方势力都介入了这场纷争。受英法百年战争的影响，佩德罗得到了英国雇佣兵的支援，恩里克得到了法国雇佣兵的支援。佩德罗最终于 1369 年在蒙蒂尔被杀，恩里克即位，称为恩里克二世，开启了特拉斯塔马拉王朝。在很长一段时间里，佩德罗都因违背基督教理念、执意任用犹太人，而被贴上了“残忍王”的标签。

## 特拉斯塔马拉王朝时期的卡斯蒂利亚

经过内乱即位的恩里克二世，权力基础非常薄弱。于是，这位国王努力创建了一个被称为“责任贵族”的忠实群体，以取代旧有的血统贵族，并毫不吝啬地向这些支持派贵族赏赐领地和爵位。由于其赋予之慷慨，世称“恩里克的惠赠”。

12 世纪末以后，西班牙各王国都成立了由贵族、神职人员、城市代表（获准向议会派遣代表的各城市代表）等各界别组成的王国议会（身份制议会），发挥着制约王权的作用。虽然与后述阿拉贡联合王国诸国的议会相比，卡斯蒂利亚王国的议会没有太大的权力，但对因内乱而衰弱的王权来说，由各城邦代表组成的议会却是一种可以获得临时租税，并牵制大贵族，从而使王权正当化的手段。实际上，在 14

世纪下半叶的恩里克二世和胡安一世统治期间，王国议会的召开非常频繁。这一时期，有权派遣议会代表的城市数量达到了峰值，但随着王权的逐步稳定，不但其数量减少，议会的权限也随之缩小。王权加强了对城市的控制，国王频繁向城市派遣地方官。高等法院、国王顾问会议等统治机关也得到了完善。

但是，王权的强化和统治机关的重组，很大程度上还是依靠国王自身的资质和对大贵族的“惠赠”来支撑的。1406年，恩里克三世去世，年仅两岁的胡安二世即位，其母后卡塔琳娜和叔父费尔南多·德·安特克拉摄政，大贵族之间的党争日益公开化。费尔南多在1412年的卡斯佩会议上被选为阿拉贡联合王国的国王（阿拉贡国王费尔南多一世）后，仍然通过他的儿子们（时称“阿拉贡的王子们”）对卡斯蒂利亚政治发挥影响，并引起以阿尔瓦罗·德·卢纳为首的国王派贵族与之对抗，而卡斯蒂利亚的大贵族则结成党派反对双方。

胡安二世晚年在奥尔梅德战役（1445年）中击败了阿拉贡派贵族，阿尔瓦罗·德·卢纳也在此后下台。但是，接班的恩里克四世却被卡斯蒂利亚大家族处处使绊子。这位国王虽然极力鼓吹“绝对王权”，努力强化君主权力，但在反对派贵族面前无能为力，并且在没有嗣子的情况下于1474

年去世，被后世冠以“无能者”的污名。

由于贵族大多认为恩里克四世同父异母的妹妹伊莎贝拉会容易控制，于是支持其即位为女王。但是，正是伊莎贝拉，为卡斯蒂利亚开启了一个崭新的时代。

# ③ 阿拉贡联合王国进入地中海

## 阿拉贡联合王国的发展

如前所述，1137 年，巴塞罗那伯爵领与阿拉贡王国组成了联合王国，即“阿拉贡联合王国”。加泰罗尼亚国民史学将其称为“加泰罗尼亚 - 阿拉贡联合体”，但这并非史实。不过，在扩大联合王国的过程中，巴塞罗那伯爵确实发挥了主导作用，所以在下文中将采用加泰罗尼亚语表示相关国王的名字，并以加泰罗尼亚为中心进行叙述。

12 世纪中期，阿拉贡联合王国趁着安达卢斯的混乱，征服了埃布罗河下游地区（莱里达、托尔托萨）。略夫雷加特河以北被称为旧加泰罗尼亚，新征服的地区被称为新加泰罗尼亚，新、旧加泰罗尼亚大约在 14 世纪以后才开始被称为“加泰罗尼亚公国”。此后，阿拉贡联合王国开始把注意力集中在法国南部，为此首先确保了北加泰罗尼亚（现在是法国领土的鲁西永和塞尔达涅）的统治，但在1213年的米雷战役中被卡佩王朝击败后，其进一步向北方扩张的趋势受到遏止。

于是，阿拉贡联合王国将扩张的方向转向安达卢斯和地中海。在这个战略转向过程中掌握主导权的是海梅一世。正如其“征服者”的绰号，他以满足贵族阶层要求的方式发起收复失地运动，于1230年攻占马略卡，1245年攻占巴伦西亚。虽然这两个国家最初都是作为王国被并入阿拉贡联合王国的，但马略卡在14世纪中叶失去了王国的地位。由于加泰罗尼亚人定居在马略卡和巴伦西亚沿岸，阿拉贡人定居在巴伦西亚内陆，巴伦西亚现在仍然是两种语言并存的地区（沿海地区讲加泰罗尼亚语的巴伦西亚方言，内陆地区讲西班牙语）。另外，被占领区还残留着接受了新领主统治的伊斯兰教徒，并形成了一个维持独立信仰和法律的穆德哈尔社会。海梅一世还想把势力扩大到阿利坎特以南的地区，但由于与卡斯蒂利亚的扩张对立而受阻。

从13世纪到14世纪，各王国的统治机构逐步完善。在加泰罗尼亚，由神职人员、贵族和城市代表组成的三级议会，和在阿拉贡贵族分为大贵族和下级贵族的四级议会，在13世纪下半叶开始发挥作用，两者都有权制约王权，例如议会对国王立法拥有同意权，反映出各个身份阶层在当时都具有强大的政治力量。在议会闭会期间，还组织了专门负责征收和管理临时税的议会常设代表部（加泰罗尼亚语为 generalitat，阿拉贡语为 diputacion）。由于国王不能无视各议会的意向，这就从整体上建立起了“统治契约主义”的传统，使阿拉贡联合王国从中世纪末到近世走向“强权王政”的道路受到了遏止。值得一提的是，在加泰罗尼亚，巴塞罗那市的政治、经济比重占压倒性优势。13 世纪中叶，巴塞罗那确立了市参事会和百人会议的城市治理体系，从而使城市贵族享有了极大的自治权。

## 地中海帝国

无法在伊比利亚半岛扩大疆域的阿拉贡联合王国，转而积极进军地中海。无论联合王国的领主贵族还是城市贵族，都开始通过参与地中海贸易获取利益。13 世纪末至 14 世纪初，阿拉贡联合王国实现了对西西里岛和撒丁岛的征服，进而占领了在希腊建立的十字军国家雅典公国和新帕特里亚公国。其中，雅典公国的篡夺与加泰罗尼亚雇佣兵集团有很大关系。

比起直接扩大领土，阿拉贡联合王国这一时期进军地中海的重点，更注重于从各地政权手中夺取居留地以形成网络。由此，在西地中海，联合王国的商人得以将小麦和盐从西西里岛和撒丁岛运进伊比利亚半岛，然后通过与马格里布的贸易进口黄金、奴隶、小麦等，并出口葡萄酒和橄榄油。在与东地中海的贸易中，他们则进口香料和奴隶，出口农产品。

为了海上交易的顺利进行，地中海的主要城市都设置了联合王国的商务馆（包括交易所和仓库），巴塞罗那和巴伦西亚还设有商业仲裁庭。此外，阿拉贡联合王国还向海外居留地派遣了主要由巴塞罗那市参事会选出和任命的领事，并且为处理争端通过了《海事习惯法》。

这一时期，巴塞罗那获得了非常快速的发展，14 世纪中叶时人口已达到 5 万。通过这种迅速的扩张，阿拉贡联合王国成为可以与热那亚和威尼斯相媲美的“地中海帝国”，但其统治领域存在过度分散的问题。而 14 世纪中叶的鼠疫大流行，则大大地动摇了这个网络。

## 经济危机与社会矛盾的激化

14 世纪中叶的鼠疫给人口带来的动态影响在阿拉贡联合王国非常巨大。尤为严重的是加泰罗尼亚，据推算，该地遭到了约四成的人口损失。巴伦西亚和马略卡虽然也饱受瘟疫的影响，但进入 15 世纪后，以丝织品生产为中心的巴伦西亚经济恢复良好，并由此吸引了其他国家的移民。在巴塞罗那市饱受政治及社会动荡之苦的情况下，巴伦西亚市成为地中海沿岸最重要的商业城市。

在加泰罗尼亚社会动荡加剧之际，1391 年，发生的反犹暴动席卷了联合王国的各大城市。其根源其实是长期掌控市政的寡头统治阶层与中下层市民之间的对立。在巴塞罗那，前者被称为比加，后者被称为布斯卡，其党派对立贯穿了整个 15 世纪。在加泰罗尼亚的农村地区，拉门萨农民（其身份受土地束缚，要获得自由需要赎买身份）以废除领主制和废止“恶习”为诉求，从 14 世纪末开始便不断发动起义。

1410 年，巴塞罗那伯爵家族最后一位家主马蒂一世无嗣去世，使政治混乱加剧。1412 年，组成联合王国的阿拉贡、加泰罗尼亚和巴伦西亚的代表齐聚卡斯佩，推举费尔南多·德·安特凯拉为新国王（巴塞罗那伯爵弗兰一世、阿拉贡国王费尔南多一世）。由此，卡斯蒂利亚的特拉斯塔马拉王朝的一个分支统治了联合王国。

弗兰一世在 4 年后去世，由阿方索四世（阿拉贡国王阿方索五世）统治至 1458 年。两人都曾试图介入卡斯蒂利亚王国的内政，但由于议会的反对，在15世纪40年代放弃了这一打算。阿方索的兴趣转向取代绝嗣的法国安茹家族继承意大利南部的那不勒斯王国，他在1435年起航远去后，再也没有回到加泰罗尼亚。阿方索于1442年获得那不勒斯王位，建立了位于西西里和那不勒斯的“两西西里王国”，但没能瓦解热那亚人在地中海的商业霸权。另外，由于热那亚人与卡斯蒂利亚王国结成同盟，使加泰罗尼亚商业始终无法进入非洲大西洋沿岸的贸易路线。

没有国王的阿拉贡联合王国诸国在政治上越来越混乱。在朱安二世（同胡安二世）统治时期，由于国王和王储维亚纳公爵卡洛斯的对立，从1462年以后的10年间，城市和农村都处于内乱状态。在此期间，加泰罗尼亚遭受了毁灭性的破坏，大量资本和人口从巴塞罗那流出。阿拉贡联合王国的命运就掌握在接下来的弗兰二世（同费尔南多二世）手中。

## ❹ “三教共存”

### 《圣母玛利亚颂歌集》与三种宗教

随着收复失地运动的发展而南下的基督教诸国，并没有立刻建立基督教排他性的宗教—法律共同体。这使残留各地的伊斯兰教徒（穆德哈尔人）得以维持一个保持信仰并保障自治权的社区。与西哥特王国末期不同，直到 14 世纪下半叶，犹太人也没有受到太大的迫害，并组织了犹太人共同团体（西班牙语：aljama）。现在在西班牙的城市中，还可以找到伊斯兰教徒街区（西班牙语：morería）和犹太人街区（西班牙语：judería）的痕迹。

在传统国民史学中，天主教双王时代（见第 4 讲）驱逐异教徒和强制改宗的政策都被誉为伟大的事业。但是，今天的西班牙需要不同文化、不同宗教共存的环境。1992 年，西班牙政府举行了名为“安达卢斯 500 年”和“塞法拉德 500 年”（塞法拉德是犹太人对伊比利亚半岛的称呼）的纪念活动，以此彰显西班牙的中世纪是三种宗教共存的时代，并给予高度评价。为此，在首都马德里，政府还修建了“三大文化庭园”。

但是，我们不能以解决现代问题为动机，将过去理想化。“三种宗教的共存”是以基督教徒的优势地位为前提的，作为基督教世界和伊斯兰世界的过渡地带，需要不同集团相互依存，是这类地域的时代现象。13 世纪下半叶，在阿方索十世下令制作的各种书籍中，有大量插图直接展现了这种优势。被称为“贤王”和“三教之王”的阿方索命人描绘了三个不同宗教共同体的人们之间的交流，生动地反映了在商业场所、国际象棋对弈场、乐器演奏场等场合下不同习俗的共存。但是在《圣母玛利亚颂歌集》中，在称颂圣母的内容以外也收录了不少戏弄异端者和异教徒的奇迹故事。如果没有基督教的信仰优势，这样的共存是无法想象的。

不管怎样，直到 13 世纪，日常生活的相互接触，以及基督徒的优越感，带来了能够通过说教使犹太人改信基督教的乐观论调。在《圣母玛利亚颂歌集》中也包含了通过说服和见证奇迹达至真理并皈依的犹太人改宗故事。然而，随着 14 世纪危机时代的到来，基督徒需要“赎罪的山羊”。异教

图 3-2 《圣母玛利亚颂歌集》(25 号)的抄本插图，描绘了犹太人高利贷者和基督徒商人之间的交易(埃尔·埃斯科里亚修道院图书馆)

徒，特别是犹太人被视为杀害耶稣的“弑神之民”，改宗问题亦由此转向悲观论。

## 托莱多翻译院

作为西班牙中世纪“三教共存”的典型事例，12—13世纪活跃于托莱多的“翻译院”一直被引以为例。1085年，再次回到基督教徒手中的托莱多，旋即成为研究古典文化和伊斯兰诸学的中心城市，许多阿拉伯语文献在此被翻译成拉丁语。其中不仅有伊本·苏尔的医学著作，亚里士多德、欧几里得等人的古典学术著作（以阿拉伯语译本流传下来）也被翻译出来，对被称为“12 世纪文艺复兴”的欧洲中世纪古典文化复兴产生了巨大影响。

但是，其中大多数都不是基督教徒、犹太教徒、伊斯兰教徒三者共同协作而来的成果。一般是由基督教神职人员在犹太人和原来的莫扎拉布人（安达卢斯的基督教徒）的帮助下，先将阿拉伯语文献翻译成西班牙语（卡斯蒂利亚语），然后再翻译成拉丁语。西班牙语是翻译者和合作者的通用语言。残留下来的伊斯兰教徒，也就是穆德哈尔人参与的比例很低。

在征服之初，托莱多城中也有很多穆德哈尔人，但不久后大多数人都移居到了安达卢斯。大清真寺也以违反投降协定为由被接收作为教会使用，就此建立起基督教占优势的社会。现在哥特式的托莱多大教堂就是 13 世纪在大清真寺原址上建造的。

## 反犹暴动与犹太皈依者问题

西欧基督教社会发展的共通事件便是驱逐犹太人。从 13 世纪末的英国开始，各地都对犹太人发布了驱逐令，但西班牙的实施要等到 1492 年。这种延迟的根本原因在于西班牙脆

图 3–3 《爱的祈祷书》中咒骂犹太人没有信仰之心的插图，图中的犹太人被恶魔捂住了眼睛和耳朵（大英图书馆 Yates Thompson 31）

弱的王权在执行收复失地运动和再殖民方面的考虑。

犹太共同体中几乎都是从事手工业和小商业的民众，而有权势的人则从事大型商业、金融业和包税业。其中也有因擅长财务行政而作为国王亲信活跃政坛的人，以及作为宫廷御医而闻名于世的人。曾出任佩德罗一世财务长官的希缪尔·哈列维甚至在托莱多建立了一座犹太会堂（现在的塞法拉德博物馆），显示了他当时的权势。

14 世纪中期，在鼠疫流行和社会不安情绪高涨的情况下，人们对犹太共同体的看法发生了巨大变化。神职人员中出现了一些煽动民众的人，他们反复进行反犹说教，宣扬犹太人亵渎圣体和礼仪谋杀[1]。犹太人作为放高利贷的恶德者的

1　当时传言犹太人为了获得“犹太礼仪”中所必需的血水，杀害基督教男童，实际上并非如此。

刻板形象也广为流传。当城市内部的政治矛盾激化时，犹太人便成了绝佳的攻击对象。

1391 年，塞维利亚爆发了反犹暴动，波及了科尔多瓦、托莱多、布尔戈斯、巴塞罗那等主要城市。当时，犹太人街区遭到洗劫，多数犹太人决定改信基督教。大约有三分之一的犹太人成为“converso”（犹太皈依者）。

但是，事态由此变得更加复杂。因为不再受法律制约的犹太权贵成为神职人员和城市官员的事例不断增加。祖先是犹太人的新基督教徒进入统治阶层后，引起了民众的反感。其中也有伪装改宗的人，由此有人指责“犹太皈依者”是“隐藏的犹太教徒”。15 世纪，西班牙发生了反犹太皈依者的暴动，自此犹太皈依者问题成为西班牙社会的一大难题。

在保有城市官职的传统世家中，为了转移民众的反对，出现了证明自己是“老基督徒”的现象。这一动向导致了近代以来，各种特权团体都将“血统纯洁规约”（祖先不带有犹太人或摩尔人血统）作为加入条件。

第4讲

# 从天主教双王的统治到西班牙君主国

## 15世纪—16世纪

《在教皇面前把王权托付给费利佩的基督》（希罗尼姆斯·维利克斯的版画，1585年）。地球仪由剑、橄榄枝、王冠和十字架装饰

## 大事年表

| | |
|---|---|
| 1474 年 | 伊莎贝拉一世即位为卡斯蒂利亚王国国王 |
| 1479 年 | 费尔南多二世即位为阿拉贡联合王国国王 |
| 1480 年 | 塞维利亚施行异端审问制 |
| 1492 年 | 格拉纳达王国灭亡<br>犹太教徒驱逐、改宗令<br>哥伦布到达西印度群岛<br>《卡斯蒂利亚语语法》出版 |
| 1502 年 | 卡斯蒂利亚发布穆德哈尔人驱逐、改宗令 |
| 1512 年 | 占领纳瓦拉王国（1515 年并入卡斯蒂利亚王国） |
| 1516 年 | 卡洛斯一世在布鲁塞尔宣布即位，西班牙哈布斯堡王朝开始 |
| 1519 年 | 卡洛斯一世被选为神圣罗马帝国皇帝 |
| 1520 年 | 卡斯蒂利亚各城市发生城市公社起义（—1521 年） |
| 1521 年 | 科尔特斯征服阿兹特克帝国 |
| 1533 年 | 皮萨罗征服印加帝国 |
| 1556 年 | 费利佩二世[1]即位 |
| 1557 年 | 西班牙在圣康坦战役中战胜法国 |
| 1561 年 | 费利佩二世在马德里修建宫城 |

1　“Felipe”传统上存在菲利佩、菲利普、腓力等多种译法，本书根据当前我国官方对西班牙王室的译名，译为“费利佩”。

续表

| | |
|---|---|
| 1568 年 | 尼德兰各省爆发独立战争（—1648 年）<br>格拉纳达发生摩里斯科人（伊斯兰改宗者）叛乱（—1571 年） |
| 1571 年 | 勒班陀海战 |
| 1580 年 | 费利佩二世，作为葡萄牙国王费利佩一世发表即位宣言 |
| 1588 年 | “无敌舰队”败给英国舰队 |
| 1598 年 | 与法国签订《韦尔万条约》<br>费利佩二世去世 |

# ❶ 天主教双王的同君联合

## 共同统治与“西班牙君主国”

中世纪的西班牙虽然以世袭王政取代了西哥特王国时代的选举王政，但如前所述，在收复失地运动的过程中，诞生了大大小小的王国和领国，它们之间长期处于不断合纵、连横的状态。可能某个王室统治的国家由于没有继承人而被合并到其他国家，也可能某个王室的统治区域被多个继承人分割继承，因此出现一个囊括现在西班牙全部疆域的王室，经历了很长时间。

1469 年，卡斯蒂利亚王国公主伊莎贝拉与阿拉贡联合王国王子费尔南多（弗兰）结婚。伊莎贝拉的目的是得到不久将继承阿拉贡联合王国的费尔南多的支持，以巩固王位；而费尔南多的目的是在国力强大的卡斯蒂利亚王国支持下，为联合王国的内讧画上休止符。

1474 年，在同父异母的哥哥恩里克去世后，伊莎贝拉发布即位宣言，并打败了试图拥立恩里克女儿胡安娜的葡萄牙势力，确保了自己在 1476 年正式继承卡斯蒂利亚王位。1479 年，费尔南多即位为阿拉贡国王，实现了卡斯蒂利亚与阿拉贡的共同统治，其后又通过与格拉纳达王国和纳瓦拉王国的合并，将现在西班牙的疆域基本纳入统治之下。

“天主教双王”的称号是教皇英诺森六世于 1496 年授予两人的，但根据婚姻协定，两人不是对方国家的“王配”（国王的配偶），而是“共同统治的国王”。如果他们有继承人出生的话，应该会成为这个“同君联合”的单独君主，但是 1504 年，伊莎贝拉没有留下继承王子就去世了。费尔南多为了让阿拉贡联合王国独自存续而再婚，但没有孩子。结果，两个王国由嫁给哈布斯堡家族菲利普（神圣罗马帝国皇帝马克西米利安一世之子）的胡安娜继承，之后又由她的儿子卡尔继承。

由于王位继承方面的偶然因素，两国此后维持了“统一”，但实际上仍是“同君联合”的形式，法律、议会、货币、租税、军制等都保持不变。虽然在疆域上对应了所谓的“西班牙”，但应该与 19 世纪以后的民族国家西班牙区别开来，将天主教双王时期理解为“西班牙统一国家的实现”是不正确的。不过，也并非如加泰罗尼亚等近代地方民族主义所鼓吹的那样，一直到 18 世纪初西班牙各地都是独立国家。我希望读者注意到的是，在西班牙近世的历史中，是由王权逐渐推动了各地统一和集权化的实现。

像这样，各王国、领邦由一位君主（有时是共同统治的两个人）统治的近世欧洲政体，受到英国历史学家艾略特的尤其提倡，被称为“复合君主政体”。而西班牙在 1479 年实现的卡斯蒂利亚和阿拉贡的共同统治，无疑是这种政体的起点。但值得注意的是，两位国王并没有采用“西班牙国王”的头衔，他们的正式头衔仍然是卡斯蒂利亚国王、阿拉贡国

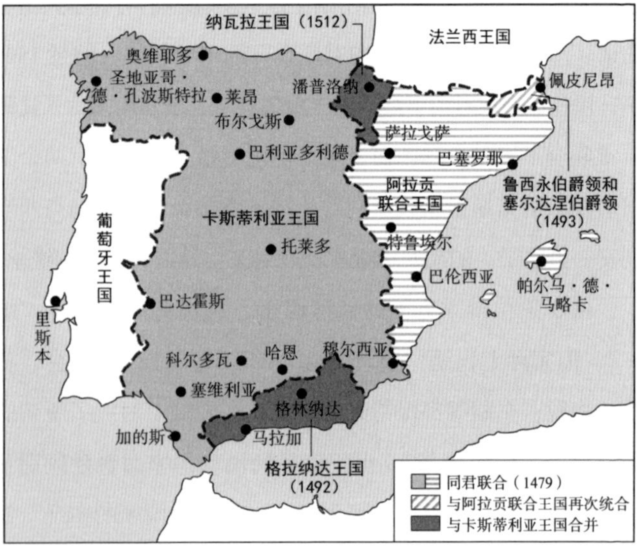

图 4-1　天主教双王时代的伊比利亚半岛

王、巴塞罗那伯爵等各国的国王。虽然 16 世纪中叶，“西班牙君主国”（西班牙语：Monarquía·Hispánica）这一称呼开始得到普及，但此时“西班牙国王”仍然只是通称（参见第 7 讲）。顺便说一下，“西班牙国王”这一单一头衔被正式使用是在 19 世纪初。

另外，近世欧洲的王位继承以长子相继为优先，但如果不能实现这样的继承，就会发生围绕继承权的复杂斗争。与其他国家的王朝联姻不仅可以建立友好关系，根据继承权的顺序便将其他国家置于自己王朝之下也成为可能。因此，包括天主教双王在内的立足于“复合君主政体”的王权，都把婚姻政策视为王朝存续和扩大的关键。顺便一提，近世欧洲国家也被历史学家称为“王朝国家”。

## 卡斯蒂利亚王国的优势

两位国王的婚姻并非如传统国民史学所描述的那样两者平权。因为与卡斯蒂利亚王国相比，阿拉贡联合王国实在是个小国。前者人口约 430 万人，面积为 38.5 万平方公里，而后者人口约 86.5 万人，面积仅为 11 万平方公里。

此外，卡斯蒂利亚的经济已经以向英国和佛兰德斯出口羊毛为轴顺利发展起来，大西洋贸易也已蓄势待发，而巴伦西亚的经济虽然有所恢复，但阿拉贡的经济仍然停滞不前，加泰罗尼亚甚至已经连昔日地中海帝国的影子都没有了。而且在阿拉贡联合王国内，制约王权的统治契约主义根深蒂固。因此，对两位共同统治的国王来说，要想让特拉斯塔马拉王朝家族安泰，就必须重组和强化卡斯蒂利亚王国的统治，实现“君主强权”。

卡斯蒂利亚王国的举措是：首先，于 1476 年建立由步骑兵组成的神圣城市同盟，以恢复街区治安；其次，国王向主要城市经常性派遣官员，抑制地方的党派斗争；再次，限制具有议会代表派遣权的城市数量，减少召开议会次数的同时，也削弱了其政治力量；最后，宣布前国王授予大贵族的恩赐无效，同时重新确认领地、租税征收权、世袭年金等，以此来保证领主的地位。

加泰罗尼亚方面，于 1486 年发布瓜达卢佩裁定，一方面部分地回应拉门萨农民的要求，谋求妥协性的解决；另一方面在城市参事官的选举中引入“抽签选举制”，缓和城市各阶层的对立。由于费尔南多主要居住在卡斯蒂利亚，缺席的情况不断增加，阿拉贡联合王国内的各国都设置了“副王”，1494 年以后，还在宫廷设立了阿拉贡顾问会议。但是，并没有改变联合王国的统治制度。

1480 年，异端审问制（后述）设立，但与中世纪教廷设立的异端审问制不同，它主要依靠王权主导。这个异端审问制最初的目的仅限于揭发马拉诺[1]。然而，异端审问制最终超越了各国特权的壁垒，成为全西班牙共通的制度，成为统合被称为“天主教君主国”的西班牙臣民的杠杆。

## 四个事件

1492 年，发生了相互交织并左右了西班牙历史的四个事件。第一个事件是天主教双王进入格拉纳达，至此，收复失地运动宣告完成。第二个事件是颁布犹太教徒驱逐令，迫使犹太人面临弃教或被驱逐的抉择。

这两个事件意义重大。在伊比利亚半岛，以往只要接受王权的权威，异教徒的宗教—法律共同体就可以继续存在，但自此以后，伊比利亚半岛变成了只有基督教徒才能成为臣民的社会。

不过，在 1492 年，驱逐伊斯兰教徒还不是既定的计划。按照投降协定，伊斯兰教徒的信仰和财产都得到了保障，但因强迫同化伊斯兰神职人员，引起了穆德哈尔人的暴动。1502 年，卡斯蒂利亚的穆德哈尔人被敕令改宗。1526 年，

---

1　西班牙语：marrano，指皈依后仍然偷信犹太教的犹太人。

敕令范围扩大到阿拉贡。颁布犹太教徒驱逐令的目的是让他们改信基督教。虽然有10万犹太人因此离开了伊比利亚半岛，但改宗基督教的人也很多。

容许异教徒社会的政治文化虽然消失了，但旧基督徒却很难接受新基督徒为同胞。有历史学家将近世评价为“矛盾的时代”，围绕犹太皈依者和“摩里斯科”（伊斯兰改宗者）的处理问题频繁产生冲突，成为此后西班牙社会的长期特征。

第三个事件是哥伦布到达了“印地亚斯”，也就是美洲新大陆。在此之后，对这片土地的征服、殖民，对原住民的传教、财富掠夺等都与西班牙帝国的发展密不可分。但就像历史学家克罗斯比提出的“哥伦布交换”这一历史术语那样，它对于人类史的意义要大得多。因为有历史记录以来，从未产生过交流的两个世界现在相互遭遇了。一方面，来自欧洲的病原菌引起了美洲原住民的大量死亡；另一方面，土豆、玉米、西红柿、辣椒等新大陆出产的作物极大地改变了世界的饮食文化。

第四个事件是人文主义者内布里哈出版了欧洲第一本俗语语法书《卡斯蒂利亚语语法》。在此之前说到“语法”，指的是拉丁语语法，但内布里哈明确了西班牙俗语（卡斯蒂利亚语）的语法结构。这本书对西班牙语提升为西班牙君主国精英阶层的共通语言，起了很大的助力作用。

## 王朝国家的婚姻政策

在传统国民史学中，伊莎贝拉女王被称颂为宗教理想高迈的君主，但当时的作家对费尔南多给予了更高的评价。同时代的马基雅维利曾对费尔南多在“复合型君主国”统治中展现的政治手腕大加称赞，17 世纪的格拉西安在其著作《政治家》中也将费尔南多视为“君主之鉴”。

无论如何，天主教双王都深知宗教的政治效用。作为“语言、风俗、制度都不同”的各地区的统合手段，他们重视宗教上的一体性，同时为了成为基督教世界的盟主，他们又与法国针锋相对地展开对抗。时任教皇授予两人“天主教国王”称号的原因之一，就是为了阻止法国介入意大利事务。1494 年，法国的查理八世主张拥有那不勒斯的继承权并远征意大利，但在教皇、神圣罗马帝国皇帝、阿拉贡等势力结成的神圣同盟的对抗下撤退。不过，法国此后为了合并意大利诸国，一直策划到 16 世纪中叶（意大利战争）。

因此，两位天主教国王企图通过婚姻政策，从地缘政治上包围围绕意大利统治问题而敌对的法兰西王国。他们将长女伊莎贝拉嫁给葡萄牙王储阿方索，阿方索死后又将其嫁给国王曼努埃尔一世，但不久伊莎贝拉便去世了。之后三女儿玛丽亚也嫁给曼努埃尔一世，由此消除了伊比利亚半岛的不安。四女儿凯瑟琳嫁给英国王储亚瑟，亚瑟死后又将其嫁给国王亨利八世。二女儿胡安娜嫁给了神圣罗马帝国皇帝马克西米利安的儿子菲利普，确保了对法国的包围圈。

但是，上述婚姻政策却由于王位继承人的去世，导致了意想不到的事态。两位国王的唯一继承人是二女儿胡安娜，胡安娜被称为“疯女王”，无法统治国家。1504年，母亲伊

图4-2 《天主教双王的圣母》（作者不详，1491—1493年。普拉多美术馆）。为圣母子双手合十的伊莎贝拉和费尔南多

莎贝拉死后，丈夫菲利普又于1506年去世，在1516年父亲阿拉贡国王费尔南多也去世后，西班牙诸领土的继承权落在胡安娜的儿子卡尔的手中。1516年，尽管法律上是由母亲胡安娜担任国王（直到1555年去世），但卡尔宣称自己是戴着卡斯蒂利亚王国和阿拉贡联合王国王冠的卡洛斯一世。这就是西班牙哈布斯堡王朝的开始。

## ❷ 西班牙哈布斯堡王朝的诞生和发展

### 城市公社起义

卡尔在布鲁塞尔的宫廷以卡洛斯一世的身份宣布即位。1517年，他在佛兰德斯人的簇拥下第一次来到西班牙。可以预想的是，与一直局限在伊比利亚半岛和地中海地区的特拉斯塔马拉家族相比，哈布斯堡王朝的西班牙发展轨迹必然大相径庭。卡洛斯在1519年被选为神圣罗马帝国皇帝后，强行向卡斯蒂利亚王国议会摊派贡金，并旋即前往德国。

尽管卡洛斯直到1556年才退位，但他在整个统治时期仅在西班牙停留了16年。卡洛斯最关心的是维持哈布斯堡家族的领地，履行神圣罗马帝国皇帝的职责。他终其一生追求基督教普世帝国的理念，与威胁基督教世界的伊斯兰势力、拒绝承认神圣罗马帝国皇帝帝权的法国国王，以及与帝国内部的新教进行长期斗争。

对卡斯蒂利亚从属于神圣罗马帝国利益的反对，导致了城市公社起义（1520—1521 年）。以卡斯蒂利亚王国中部各市为中心，组成了被称为神圣会议的“防卫誓约团体”。他们提出了取消上缴贡金，将西班牙的利益置于神圣罗马帝国之上，限制优质羊毛出口，以及保护国内毛纺织业等要求。

对向佛兰德斯出口羊毛感兴趣的布尔戈斯市中途脱离了公社起义，最初因反对神圣罗马帝国政策而观望的贵族阶层，也在起义带有反领主性质后转而支持国王。当国王军队在比利亚拉尔战役中获胜后，起义走向完结。同一时期在巴伦西亚王国，反对城市寡头统治阶层的手工业者牵头发动了“行会暴动”，但被城市贵族和领主镇压了下去。不过，这次暴动与城市公社起义之间没有任何联系。在复合型君主国中，并没有出现超越各国范围的起义和暴动。

1522 年，卡洛斯回到西班牙，在那里待了 7 年，并为卡斯蒂利亚的政治稳定费尽心思。他一方面以与王权黏着的形式推进城市的寡头统治，使由城市代表组成的议会不得不顺从王权；另一方面，卡洛斯在推行神圣罗马帝国政策时，开始严重依赖来自卡斯蒂利亚王国的税收。

## 四处游历的国王

为了治理语言和法律制度完全不同的欧洲各王国及领邦，保卫帝国版图，卡洛斯不得不成为“四处游历的国王”。因为国王长期不在会成为各地叛离的根源。卡洛斯在退位时表示：“余不得不辗转各地，度过战争与和平的每一天。余曾 9 次前往德国，6 次居住西班牙，7 次过境意大利，10 次来到佛兰德斯，4 次在和平和战争时期到过法国，2 次进入英国，2 次去到非洲。”

原本的哈布斯堡家族领地和从母亲胡安娜那里继承来的特拉斯塔马拉家族的领地有很大的不同。对于前者，他很早就委托弟弟斐迪南作为皇帝代理进行统治。结果，苦于德意志新教诸侯叛乱的卡洛斯，在 1555 年的《奥格斯堡宗教和约》中，承认了“教随国定”的原则，放弃了建立基督教普世帝国的理想。

与此同时，卡洛斯选择了将哈布斯堡家族的领土一分为二的保全之路。一方面，1556 年，弟弟斐迪南在奥地利大公的身份之上又被加持为神圣罗马帝国皇帝，成为奥地利哈布斯堡王朝的始祖。另一方面，卡洛斯的儿子费利佩成为西班牙国王费利佩二世，继承了意大利和印地亚斯（美洲）的领土，同时也继承了尼德兰（包括现在的比、荷、卢三国和法国的一部分）。西班牙哈布斯堡王朝对上述广阔领土的统治一直持续到 17 世纪末。

## 与新教的战争，以及寄托在儿子身上的理想

卡洛斯在德国虽然最终不得不向新教诸侯妥协，但在他打算让儿子费利佩继承的领地上，他努力维持天主教信仰，铲除异端。与此同时，为了对抗挑战哈布斯堡王朝霸权的法国，他一直试图完成对法国的包围网。

为了在伊比利亚半岛与葡萄牙建立友好关系，他不仅自己迎娶了葡萄牙公主伊莎贝拉为王后，还将伊莎贝拉的侄女玛丽亚·曼努埃拉选为儿子费利佩的第一个结婚对象。玛丽亚去世 9 年后，他又指定了英国女王玛丽一世作为费利佩的结婚对象。玛丽希望英国回归天主教，如果她和费利佩结婚生下继承人，西班牙和英国就会实现同君联合。这样一来，不仅可以构筑强有力的对抗法国的阵势，还可以遏制尼德兰加尔文派的行动。然而，两人没有子嗣。玛丽死后，伊丽莎白一世即位，她恢复了英国国教会[1]，导致英国与西班牙公开决裂。

---

1　亦称“英国国教圣公会”，由英格兰国王亨利八世创立，是新教的宗派及教会之一。

1556年卡洛斯退位，次年，西班牙在圣康坦大胜法军。至此，从15世纪末开始的意大利战争走向完结。此时法国的威胁已经过去，退位后隐居西班牙尤斯特修道院的卡洛斯最担心的是西班牙国内异端的动向。1558年，巴利亚多利德和塞维利亚发现了路德派的存在，卡洛斯严厉地劝告儿子费利佩要将异端扼杀在萌芽之中。同年9月卡洛斯去世，第二年费利佩从佛兰德斯回到西班牙，接下来轮到他为坚持天主教信仰处理所有事务了。

## ❸ 费利佩二世与“天主教君主国”

### 帝都马德里的建立

与以“游历之王”的形式统治各王国及领邦的卡洛斯一世不同，他的儿子费利佩二世试图以西班牙的卡斯蒂利亚王国为根据地，统治其广大的领土。后来，费利佩曾对自己的君主心得进行了如下总结：“君主欲要了解属国国情，不需亲自访问，就像心脏不会为了给身体隅隙注入活力，而离开自己的位置去探寻各个部位。”

被选为“心脏”的地方是马德里。在此之前，朝廷（移动宫廷）多设在巴利亚多利德或托莱多。选择马德里是有理由的。巴利亚多利德的贵族宅邸猬集，国王难以摆脱传统贵族阶层的掣肘，托莱多则设有首席大主教的座堂，教会权力强大。而相对来说，当时仅为地方城市的马德里，传统的宗教和世俗力量都很薄弱。费利佩非常重视下级贵族和商人家族出身的文官，将他们安排在国王顾问会议的秘书局中。

1561 年以后，马德里获得了事实上的帝都地位，统辖西班牙君主国的各种常设机构都在这里设立。这些机构大多承继了卡洛斯一世时代的设置，但按照不同领域和地区，强化了以文官为主的顾问会议，前者有财务、十字军特别税、国务、宗教骑士团、宗教裁判所等顾问会议，后者有卡斯蒂利亚、塞维利亚、阿拉贡、印地亚斯、意大利、葡萄牙、佛兰德斯等顾问会议。也就是说在这一机制下，关于西班牙君主国的共同问题以及各王国、地区问题的报告，都要通过各顾问会议向国王进行呈递。费利佩被称为“文书之王”和“谨慎之王”，阅读这些庞大的报告并决定政策是他每天必做的工作。

### 西班牙异端审判制与“天主教君主国”

如前所述，从 16 世纪中叶开始，随着“教随国定”的原则深入人心，欧洲各国的君主，无论是天主教还是新教，都明确了自己在宗教派别方面的立场，同时推进臣民在信仰上的一体化，使得宗教及社会的纪律性不断加强，这在历史上被称为“宗派体制化”。西班牙君主国作为信奉天主教的国家，着力加强了宗教控制，其中最重要的工具就是异端审判制。

16 世纪初，在制造了大量牺牲者之后，关于伪装改宗者的问题逐渐降温，此时异端审判也并不活跃。但 1558 年，在巴利亚多利德和塞维利亚发现了路德派的据点后，第二年宗教裁判所便被重新整编强化。作为“天主教君主国”，王权是以天主教信仰为依托统合各王国及领邦的广大领土的，因此不仅是新教宗教改革，而且包括神秘主义运动在内，都不能容许脱离正统信仰。在历史学领域，天主教为了对抗宗教改革而进行的信仰和道德上的革新运动，被称为“反宗教改革运动”，在将其定为教义的特利腾公会议（1545—1563 年断断续续召开）中，西班牙的神职人员扮演了主导角色。

由此，王权通过各地的宗教裁判所，加强了对臣民信奉民间宗教和脱离宗教规范的监视和控制。宗教裁判所的监视范围囊括从亵渎、渎神的言行，到通奸、重婚、魔术，甚至是神职人员的求爱行为。虽然我们不能夸大前近代监视体系的效果，但毫无疑问，异端审判制阻断了宗教及文化宽容土壤的形成。这一制度的最终废除，实际上要到 1834 年。另外，值得注意的一点是，猎杀女巫在西班牙几乎没有发生过。异端审判所对于女巫的宗教认定非常慎重，这对当时人们在狩猎女巫狂热中制造牺牲者的行为起到了抑制作用。

此外，王权还采取了禁止阿拉伯语和特有风俗及习惯的措施，以实现摩里斯科人的实质性基督教化。宗教裁判所，特别对格拉纳达、巴伦西亚和萨拉戈萨的摩里斯科人加强了监视。这引发了格拉纳达摩里斯科人的反对，他们在 1568 年发动了大规模起义，在阿尔普哈拉斯山脉抵抗了两年。起义失败后，为了将格拉纳达的摩里斯科人同化融入基督教社会，他们被强制迁往卡斯蒂利亚各地。但是，此举又引发了摩里斯科人和旧基督教徒之间的进一步冲突。

### 频繁的战争及产生的负担

费利佩二世为了维持天主教君主国的霸权——用当时的话说就是“声望”，每一天都在与敌对国家进行战斗。在他统治的 42 年间，除了 1577 年 2—7 月，在地中海、英国、法国、尼德兰、印地亚斯、亚洲、非洲以及伊比利亚半岛的某个地方总会有战事发生，所谓“日不落帝国”（关于当时这个词流传起来的原因众说纷纭）实际上是“战不断帝国”。

圣康坦战役胜利后，费利佩与法国签订了《卡托 - 康布雷齐和约》（1559 年），双方成为同盟关系。翌年，费利佩迎来了第三任妻子伊莎贝拉·德·瓦卢瓦（伊丽莎白·德·瓦洛娃）。从 1562 年开始，法国爆发了多次宗教战争，在此期间，西班牙因支持天主教而与胡格诺派对立。1598 年，随着法国国王亨利四世在一定程度上承认了胡格诺派的信仰，胡格诺战争就此结束。失去介入借口的费利佩，同年与亨利四世签订了《韦尔万条约》，实现和解。

在与伊莎贝拉 10 年的婚姻生活之后，费利佩为了得到男性继承人，于 1570 年迎娶了第四任妻子奥地利的安娜。虽然费利佩（三世）幸运地出生了，但费利佩二世与安娜两人实际上是舅父和外甥女的关系，为了保持王朝国家的连续性，这种近亲结婚的弊端很快就将显现出来。不过，西班牙和奥地利两个哈布斯堡王朝的关系由此变得更加牢固。

在地中海方面，奥斯曼帝国于 1453 年消灭拜占庭帝国，并于 1529 年包围了维也纳，欧洲必须面对势力不断扩大的奥斯曼帝国的威胁。于是，西班牙、威尼斯和教廷结成神圣同盟。1571 年，基督教联军在希腊的勒班陀海战中获胜。虽然没有给奥斯曼帝国造成盛传的那样大的打击，但自此以后使西地中海避免了大规模战争的爆发。

最令西班牙痛苦的是尼德兰的“叛乱”。该地区的 17 个省各自拥有根深蒂固的特权，并且自 16 世纪中叶，加尔文派已经渗透到各地，不可避免地对致力于加强中央集权和异端镇压的费利佩二世产生了强烈反抗。1568 年，导致北部 7 个省独立的“荷兰独立战争”爆发。结果南部 10 个省（包括佛兰德斯在内的南尼德兰，主要是现在的比利时和卢森堡，以及法国北部的一部分）归属西班牙（即西属尼德兰），而北部地区在 16 世纪 80 年代事实上成为独立国家荷兰。这场战争持续到 1648 年，给西班牙带来了巨大的人力和物力损失。

1580 年，费利佩介入了葡萄牙王位的继承，并兼任葡萄牙国王。随着这次同君联合的实现，西班牙哈布斯堡王朝的统治领域已经扩大到如其豪言壮语“地球都装不下”的地步。但是，这个“日不落帝国”却因 1588 年为推翻英国女王伊丽莎白一世而派遣的无敌舰队遭到战败（阿尔玛达海战），而受到了极大的动摇。

对外战争的财政负担沉重地压在了卡斯蒂利亚的经济上。到 16 世纪中叶为止，由于向佛兰德斯出口羊毛，再加上新的美洲市场的需求，卡斯蒂利亚的经济发展良好，各城市的人口也显著增加。但是，荷兰独立战争使与佛兰德斯的贸易变得困难，在苦于支付贷款利息的王权一再宣布停止国库支付（将短期贷款强制转换为长期公债）后，引起国际金融业者纷纷离弃。

缓解困难的是印地亚斯白银的涌入。16 世纪中叶，墨西哥的萨卡特卡斯和南美洲的波托西发现了银矿，并在引入汞齐提炼法后，产出了巨量的白银。在那个时代，白银作为正币，对于在各地驻扎军队的王权来说是非常珍贵的。因为在从国际金融业者借入资金时，白银可以发挥信用作用。

但仅这样还不够，为了增加卡斯蒂利亚的王室收入，1590 年又引入了米琉内斯税（对特定食品征收的消费税）。虽然王国议会对此表示同意，但对王室介入外国事务的批评之声日益强烈。

埃尔·埃斯科里亚修道院（建于 1563—1584 年）使费

图 4-3　建设中的埃尔·埃斯科里亚修道院（法布里齐奥·卡斯泰罗作品，1576 年）

利佩的“声望”扬名海内外，但对疲惫的民众来说，他却成为怨恨的目标。在马德里，有一位因预知梦而声名鹊起的平民女性卢克莱西娅，其预知内容包含了对费利佩的强烈批判。她被宗教裁判所逮捕后，从此便再也听不到她的声音了，可坊间开始流传这样一句话：“国王不死，王国亡。”

# ❹ 大航海时代与“日不落帝国”

## 对新大陆的征服与殖民

哥伦布到达的地方并不是最初的目的地亚洲，而是广阔的美洲新大陆的一部分。对当时的欧洲人来说是一片未知的土地。由于被西班牙征服和殖民的美洲（西属美洲，19 世纪后为拉丁美洲）在殖民时期被称为“印地亚斯”，所以本书在介绍 18 世纪的内容之前也使用这个名称。

尽管得到了王室的认可，对印地亚斯进行征服大多是卡斯蒂利亚殖民者的私人事业。1521 年，科尔特斯征服了阿兹特克帝国；1533 年，皮萨罗征服了印加帝国。两个帝国虽然都是基于高度农耕文明的原住民（印第安人）国家，但其实还有反抗二者统治的更早的原住民部族存在。西班牙征服者除了拥有火器等军事技术上的优势，还利用原住民社会的矛盾，成功地压制了他们。

此后，王权为了消化征服者的成果，不断完善与印地亚斯统治相关的各种制度。在法律上，印地亚斯在卡斯蒂利亚王冠下有着王国的地位，并不是单纯作为属领或殖民地编入卡斯蒂利亚王国的。但实际上，国王在宫廷内设立了印地亚斯顾问会议，从本国单方面完善印地亚斯的统治。在被征服地区，殖民者仿照卡斯蒂利亚的城市制度建设殖民城市，并设立了城市参事会。在北部的新西班牙（墨西哥）和南部的秘鲁设立了两个“副王”领地，由本国派遣的“副王”作为当地最大的权威。此外，各地还设立了听诉院作为司法行政机关。尽管做了许多工作，但由于跨越大西洋的巨大地理限制，仍有像智利南部那样本国完全无法控制的地区。对南美洲的实际征服其实花费了很长时间。另外，西班牙语毕竟只是当地精英阶层的通用语言，整个殖民地时代其实只有三成左右的居民会说这种语言。

由于担心征服者滥用权力，王权一方面禁止将印第安人奴隶化，另一方面应殖民者的要求引入了委托监护制。在基督教化和保护的名义下，殖民者可以利用受委托的印第安人作为劳动力。这实际上是对劳动力的剥削，不少前往当地的修道士曾对印第安人虐待和过度使用提出过指控。

## 围绕征服行为正当性的讨论

其中，拉斯·卡萨斯（1474—1566年）就曾竭力呼吁保护印第安人，弹劾西班牙殖民者。在这些神职人员的努力下，卡洛斯一世于1542年制定了有关印地亚斯的新法律，决定废除委托监护制。但在殖民者的对抗面前，废除事宜进展缓慢。从1550年至次年，卡洛斯接受印地亚斯顾问会议的答复，成立了讨论印地亚斯问题的委员会。在巴利亚多利德的辩论中，拉斯·卡萨斯与塞普贝达就征服战争的正当性问题展开了激烈的争论。

然而如前所述，在印地亚斯产出了巨量白银之后，费利佩二世更加关注如何确保劳动力。他允许引入被称为“米塔制”的赋役制度，并于1568年和1577年下令禁止神职人员论述印地亚斯问题。

然而，拉斯·卡萨斯在1552年出版了《关于印地亚斯被破坏的简要报告》。在这本书中，他附上了给即将成为国王的费利佩的“献词”，控诉殖民者“损害了上帝的荣誉，也有损于国王”。虽然西班牙于1556年下令收缴这本书，但该书在敌对各国被反复翻译出版，成为谴责西班牙人残忍性的“黑色传说”的绝佳材料。

然而，印第安人的人口锐减，除西班牙人的残忍行为之外，新大陆没有的天花等疫病也是很重要的原因之一。西班牙王室虽然不允许印第安人成为奴隶，但应殖民者的要求，允许从非洲引进黑人奴隶。就连一直呼吁保护印第安人的拉斯·卡萨斯当初也认为这是迫不得已的。葡萄牙商人在16世纪末、英国商人在18世纪从西班牙王室获得了奴隶供给权，他们向印地亚斯输送了大量的黑人奴隶。因此包括加勒比海在内，印地亚斯许多地区的历史都离不开黑人奴隶的存在。

1992年，西班牙在庆祝“发现美洲500周年”时，由于受到了不考虑原住民感受的欧洲中心主义之类的批判，于是将活动名称改为“两个世界的相遇”。但是，也应该认识到黑人奴隶和他们的后代对于建立殖民地社会的重要性，我认为应该对其继续批判直到改为“三个世界的相遇”才符合完整的历史记忆。毕竟一直到19世纪末，古巴砂糖种植园的西班牙资本家都反对废除奴隶制。

### 扩展到亚洲的西班牙帝国

在哥伦布航海的同一时期，由于瓦斯科·达·伽马发现了印度航线，因此印度和东南亚在16世纪初就已经进入葡萄牙势力范围。与此相对，在卡洛斯一世的支持下，1521年，麦哲伦横渡太平洋到达菲律宾，根据1529年与葡萄牙签订的《萨拉戈萨条约》，菲律宾归属西班牙所有。但是，对那里的开发是进入16世纪60年代以后才开始的。1571年，马尼拉市成为殖民地首府，马尼拉与阿卡普尔科（墨西哥）之间的大帆船贸易正式开始。

“马尼拉大帆船”将中国的陶瓷和丝织品带到印地亚斯，而萨卡特卡斯和波托西的白银经由马尼拉流入中国。此后的250年间，马尼拉成为西班牙帝国贸易网络与亚洲贸易网络的连结点。

为了与葡萄牙商人在太平洋的活跃相配合，基督教在东南亚和东亚的传教主要由葡萄牙耶稣会士负责。但在日本，由于幕府担心基督教的影响，1612年传教被禁止。在这种背景下，1609年，曾有一艘从马尼拉出发的大帆船漂流到了千叶县外海。作为营救的答谢，1611年，比斯凯诺作为使节来到骏府（当时的贡品南蛮时钟现存于久能山东照宫），但他们与拒绝基督教传教的日本所进行的通商交涉毫无进展，也没能发现他们一直想要找到的“金银岛”。

1613年，比斯凯诺回国时乘坐的船，隶属于受伊达政宗派遣、由支仓常长率领的庆长遣欧使节团。支仓常长经墨西哥到达西班牙，于1615年谒见费利佩三世，在没有取得任何成果的情况下，支仓于谒见 5 年后回国。这主要是因为西班牙帝国把基督教传教作为外交谈判的条件而未作退让。曾陪同一行人的耶稣会传教士索铁罗，随后从马尼拉偷渡到已颁布禁教令的日本，但被抓住并处死。

第5讲

# 西班牙君主国的衰退

17世纪

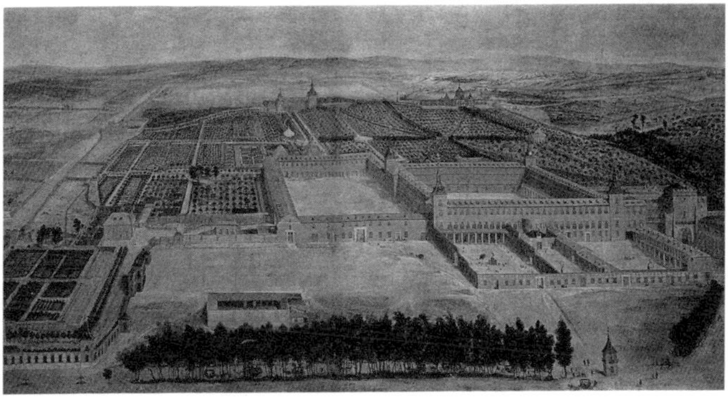

布恩·莱蒂洛宫全景（胡塞维·莱昂纳多画，1636—1637年，马德里市立历史博物馆）

## 大事年表

| | |
|---|---|
| 1598年 | 费利佩三世即位，宠臣勒玛公爵掌握实权 |
| 1604年 | 与英国签署《伦敦条约》 |
| 1609年 | 与荷兰签署停战协定（—1621年）<br>摩里斯科人驱逐令（—1614年） |
| 1615年 | 庆长遣欧使节谒见费利佩三世 |
| 1618年 | 三十年战争爆发（—1648年） |
| 1621年 | 费利佩三世去世，费利佩四世即位，宠臣奥利瓦雷斯伯—公爵掌握实权 |
| 1625年 | 西班牙军队攻陷荷兰重镇布雷达<br>奥利瓦雷斯提出“军队整备计划”并具体施行 |
| 1635年 | 法国对西班牙宣战 |
| 1640年 | 加泰罗尼亚叛乱（—1652年）<br>葡萄牙在布拉干萨公爵的领导下发动独立暴动 |
| 1647年 | 那不勒斯和西西里骚乱 |
| 1648年 | 《威斯特伐利亚和约》签订 |
| 1659年 | 与法国签订《比利牛斯条约》，割让北加泰罗尼亚给法国 |
| 1667年 | 与法国展开遗产继承战争（—1668年） |
| 1668年 | 《里斯本条约》签订，承认葡萄牙独立 |
| 1672年 | 作为荷兰的同盟国参加荷兰战争（—1678年） |
| 1688年 | 奥格斯堡同盟战争（—1697年） |

续表

| | |
|---|---|
| 1697 年 | 法国军队进攻巴塞罗那<br>《里斯维克和约》签订 |
| 1700 年 | 卡洛斯二世去世，西班牙哈布斯堡王朝绝嗣<br>安茹公爵菲利普以费利佩五世之名即位，西班牙波旁王朝开始 |

# 1.“西班牙君主国”与帝都马德里

## 费利佩三世与摩里斯科人驱逐令

虽然费利佩二世对异端者采取严厉的态度，但他并没有放弃同化异教徒的道路。因此直到最后，他都没有赞成驱逐摩里斯科人。1598 年即位的费利佩三世由于继承了父亲的巨额贷款，没有开展积极对外政策的余地，遂在与法国和解后，又与英国于 1604 年签订了《伦敦条约》，摆脱了与英法的交战状态。之后他又顺从宠臣勒玛公爵，努力与荷兰达成停战协定（1609—1621 年）。

这一时期，马格里布的私掠船经常袭击地中海沿岸，很多人担心摩里斯科人是这些船的向导。在从与欧洲各国的战争状态中解脱出来的情况下，有人提出了用富余的船只将同化进展缓慢的摩里斯科人驱逐出境的方案。

从1609年到1614年，被驱逐出半岛的摩里斯科人多达30万人。由于失去了分别占阿拉贡和巴伦西亚人口约两成和三成的摩里斯科农民和手工业者，两地经济受到严重打击。但是在卡斯蒂利亚，这一数字仅为10万人左右，只占总人口的约2%，因此驱逐的影响在卡斯蒂利亚非常有限。从西班牙君主国整体来看，其结果是把实质为异教徒的大集团有条不紊地逐出国外，从而提高了王权的威信。在此期间，“天主教君主国”的宗教体制化进程得到了强力推进。

西班牙曾类比“罗马治世”，将17世纪初称为“西班牙治世”（Pax Hispanica）。但是1618年，波希米亚的新教贵族与神圣罗马帝国皇帝之间的对立引发了战争，德意志地区成为战争的主要舞台，欧洲各国都被卷入其中。西班牙也通过支持奥地利哈布斯堡家族，强势介入了这场三十年战争。

## 费利佩四世与宠臣奥利瓦雷斯

1621年，费利佩四世即位，他的宠臣是奥利瓦雷斯伯爵加斯帕尔·德·古斯曼（1587—1645年），他后来被称为“伯—公爵”。直到1643年倒台为止，奥利瓦雷斯为西班牙君主国的经济复苏以及在国际社会上恢复“声望”，付出了长达20多年的努力。

他谴责前王时代宠臣们的腐败，努力整顿官僚纲纪，创立了“大改革委员会”。大委员会在削减财政预算的同时，还讨论了限制奢侈品进口、促进商业活动的方案。但是，有关创设新金融公库等大委员会的改革要项，由于卡斯蒂利亚王国议会的强烈反对，几乎全被冻结。此外，为了刺激商业活动，他认为有必要接纳犹太裔较多的葡萄牙商人和金融业者，因此对“血统纯洁规约”持批判态度，但并未废除。

1621 年，西班牙与荷兰的战争再次爆发，为了进一步介入欧洲范围内的战争以恢复“声望”，除了构成西班牙君主国基础的卡斯蒂利亚，必须要求其他国家承担相应的财政和军事负担。这是因为长年维持帝国的战争，给卡斯蒂利亚的经济带来了沉重的压力，16 世纪 90 年代以后，由于天候不调，加之疫病蔓延，农业生产大幅下降，帝国已经很难再给卡斯蒂利亚增加人力物力的负担。

1624 年，奥利瓦雷斯写给费利佩四世的进言书中，明确表达了他的政治理念。他在开头指出：“应不满足于葡萄牙、阿拉贡、巴伦西亚的国王和巴塞罗那伯爵，要按照卡斯蒂利亚的形式和法律治理这些组成西班牙的王国。”“陛下才能确实成为西班牙国王。”他接着说。从法理上看，西班牙君主国是缺乏凝聚力的“复合君主制”。他认为扬弃这种制度状态，是西班牙在 17 世纪国际政治中保持优势地位的必要条件。然而，当他将这一政治理念付诸实践时，却遭到了来自各王国的强烈抵抗。

此外，这一强化君主政体的意图，并不指向消除西班牙多语言并存的状况。在同一份进言书中，奥利瓦雷斯针对卡斯蒂利亚贵族的子弟教育指出："必须让他们能够阅读西班牙语、葡萄牙语、利穆赞语（指加泰罗尼亚语）、拉丁语、意大利语、法语。"即为了统治好各国臣民，便需要学习各种语言。

### "军队整备计划"与各王国的抵抗

奥利瓦雷斯的政治理念具体化为"军队整备计划"。他计划将总共 14 万人的士兵征募分配到西班牙君主国统领下的各个王国，以建立统一且机动的常备军。具体分配比例为，卡斯蒂利亚和印地亚斯的员额是 4.4 万人，加泰罗尼亚、葡萄牙和那不勒斯各 1.6 万人，佛兰德斯 1.2 万人，阿拉贡 1 万人等。虽然在卡斯蒂利亚、佛兰德斯和那不勒斯的招募大致上是成功的，但是阿拉贡联合王国诸国的反对非常强烈。

1626 年，前往阿拉贡联合王国的费利佩四世和奥利瓦雷斯，要求各议会接受计划。阿拉贡和巴伦西亚的议会虽然拒绝在其域内招募士兵，但接受了部分战争费用的负担。但是在加泰罗尼亚，议会拒绝提供一切协助，审议未获通过。国王于1632年再次召开议会，但仍未议决。

在与西班牙王权日益紧张的情况下，拥护加泰罗尼亚议会和议会常设代表部、赞扬统治契约主义传统的著作大量出版。这些组织确实抵抗了王权的过分要求，但并不是加泰罗尼亚国民史学所标榜的民主代表机构，它们只是为了维护自身的特权身份和利益。例如，16世纪末巴塞罗那的行会因生活贫困而请愿时，议会采取了镇压措施，工匠们被迫直接向西班牙国王要求实现“公共善”[1]。1640年的民众起义，在反抗卡斯蒂利亚军队的同时，矛头也指向了加泰罗尼亚的统治阶层。

## 剧场城市马德里

17世纪20年代，西班牙军队仍有能力阻止敌对各国的侵攻。1625年被称为“奇迹之年”，西班牙取得了包括荷兰城镇布雷达城和在巴西收复巴伊亚（后述）在内的重要胜利。但是进入17世纪30年代，西班牙与法国发生了直接对

1 古希腊哲学家德谟克利特伦理学说中的一个术语，在西方近现代政治思想中是评价政治正义的重要标准，也作“公共的善”。

决，1639 年在唐斯海战中西班牙被荷兰舰船击退，1643 年在罗克鲁瓦战役中西班牙引以为傲的步兵团被法军打败。

17 世纪 30 年代，建于马德里市中心东侧的布恩·莱蒂洛宫，旨在向国内外展示西班牙帝国的“声望”。由于财政困难，建筑物采用了砖瓦结构，但内部装饰大量使用了当时著名画家赞扬王权的画作。特别是“王国大厅”，天花板上绘有组成西班牙君主国的 24 个王国的纹章，强调了复合君主制的一体性。东西两侧的墙壁上装饰着委拉斯盖兹（1599—1660 年）所绘的前国王费利佩三世夫妇、现任国王费利佩四世夫妇以及作为王储的王子巴尔塔萨·卡洛斯的肖像画，强调了西班牙哈布斯堡王朝的延续性。南北两侧墙壁

图 5-1 “王国大厅”复原图（出自 Carmen Blasco）

上装饰着包括“奇迹之年”的胜利在内，12 幅描绘西班牙军队胜利场面的绘画，表征了西班牙的权势。如今，这些画作分散展示在马德里的普拉多美术馆，要想了解这些画作当时所具有的意义，就有必要复原其所装饰的场地“王国大厅”了。

此外，在帝都，每当发生王位继承、新王后到来、王子或公主诞生、军事胜利等事件时，国王夫妇会举行往来于东面的阿尔卡萨尔宫和西面的阿托查圣母院等地的仪式。特别是在基督圣体节游行中，国王、城市参事会、神职人员、贵族、行会等都会井然有序地参加，以夸示西班牙天主教君主国的社团式权力秩序。借用彼得·伯克的话，这是一个“主要街道和广场都被充当壮观的政治、宗教表象舞台的‘剧场城市’”。

## ❷ 17 世纪 40 年代的危机

### 加泰罗尼亚叛乱

从费利佩二世时期开始，拥有辽阔领土的西班牙就被誉为“日不落帝国”，但到了费利佩四世时期，西班牙在国际政治舞台上的霸权地位已经产生了极大的动摇。但对其衰退起决定性作用的，是 17 世纪 40 年代组成君主国的各国接连不断的叛乱和起义。

在三十年战争的过程中，奥地利和西班牙两个哈布斯堡家族对法国形成包围网，这是法国极力避免的事情。1635 年，法国与西班牙拉开战端，首先在西班牙属地尼德兰的国境上展开了战斗。此外，为了寻找进攻西班牙本土的机会，东北部加泰罗尼亚成为战略据点，当地各个村落都有卡斯蒂利亚军队驻扎。1640 年 5 月，民众对外来军队的反抗与对领主和城市贵族的不满汇聚在一起，造成各地爆发民众起义。同年6月7日，为了参加“基督圣体日”宗教活动，来自附近的“收割者”（收割小麦的农夫）在巴塞罗那市内发动了暴动，事态最终发展到副王圣·科洛马伯爵被杀害。加泰罗尼亚议会常设代表部担心民众叛乱会转化为社会革命，同时为了抵抗卡斯蒂利亚的军队，决议推举法国国王路易十三为自己的君主，并选择接受其庇护。

但是，开进加泰罗尼亚的法国军队频繁发生的劫掠行为，以及法国商人和巴塞罗那商人的冲突等原因，使得支持法国的人逐渐减少，而战争长期化导致厌战情绪全面高涨。1648年，终结三十年战争的《威斯特伐利亚和约》使荷兰正式独立，奥地利和西班牙两大哈布斯堡王朝随即在欧洲政治中陷于劣势，故此费利佩四世没有继续对加泰罗尼亚采取强硬态度。1652年，加泰罗尼亚公国在怀柔政策下回归西班牙王权。

在加泰罗尼亚国民史学中，这次叛乱（收割者战争）被认为是对中央集权的马德里进行的民族抗争，讴歌在这次起义中抵抗卡斯蒂利亚人的《收割者》之歌，也从19世纪末开始成为加泰罗尼亚的民族歌曲。但如前所述，特权身份与民众阶层的裂痕十分明显，忠于王权的地区也不在少数。我想应该避免从这种将社会和地区“整体化”的视角对历史事件过度诠释的倾向。

## 葡萄牙独立

16 世纪末，葡萄牙成为西班牙帝国的一员时，葡萄牙人本对这个海洋帝国的维持和发展寄予厚望。西班牙帝国提供的新大陆白银和马尼拉—阿卡普尔科航线，使葡萄牙对扩大亚洲贸易的机会充满了期待。但是，17 世纪 20 年代以后，奥利瓦雷斯要求加税和征兵的调门越来越高，再加上与西班牙对立的荷兰和法国也对葡萄牙的海洋帝国构成了威胁。特别是葡萄牙从 16 世纪初开始推行殖民地化的巴西，在 1624 年巴伊亚被占领（次年收复）后，仍屡次遭到荷兰的攻击。1637 年，又有反对增税的暴动从埃武拉波及各地。

1640 年，饱受加泰罗尼亚叛乱之苦的奥利瓦雷斯试图将葡萄牙军队派往该地，反对这一决定的葡萄牙贵族推举布拉干萨公爵，宣布从哈布斯堡王朝独立。在 1652 年平息加泰罗尼亚叛乱，1659 年与法国签订和约后，西班牙加强了对葡萄牙的攻势。但是，葡萄牙以开放殖民地贸易为条件，取得了英国的大力支援，并在 1668 年与西班牙签订了《里斯本条约》。此后，葡萄牙通过从属于英国，维持其在伊比利亚半岛上的独立地位。

17 世纪 40 年代，西班牙君主国的其他国家和地区也发生了叛乱和骚乱。1641 年，梅迪那·西多尼亚公爵企图使安达卢西亚成为独立国的阴谋败露。从 1647 年至翌年，那不勒斯和西西里发生了反对增税的骚乱，但在法国国王的支援下，骚乱被镇压下去。1648 年，阿拉贡伊哈尔公爵的阴谋被挫败。从 1647 年到 1652 年，西班牙南部的城市和农村又相继发生了骚乱和粮食暴动。

加泰罗尼亚的叛乱结束后，西班牙继续单独与法国进行战争，但最终未能挽回颓势。在 1659 年签订的《比利牛斯条约》中，西班牙为了和平而接受了屈辱的要求，同意将加泰罗尼亚公国在比利牛斯山脉北部的领地（今鲁西永及塞尔达涅）割让给法国，并许诺将公主玛丽亚·特蕾莎嫁给路易十四。这为 40 年后发生哈布斯堡王朝到波旁王朝的王朝交替埋下了伏笔，西班牙的优势地位自此完全丧失，取而代之的是“法兰西时代”的开始。

## 疲弊的经济

17 世纪的欧洲，由于寒冷化和鼠疫的频繁暴发，正处于人口危机的时代。具体到西班牙来说，原本 800 多万的人口在 100 年间减少到约 700 万。内陆地区的情况尤为严重，卡斯蒂利亚的人口从1591年的约530万人减少到1683年的约480万人，而且人口动态的地域差异很大。在引进玉米栽培的北部沿海地区，人口反而出现了大幅度的增加。

同样在进入17世纪后，苦于慢性财政困难的王权持续大量发行银中掺铜的劣币“贝隆币”，引发了严重的通货膨胀，直接冲击了民众生活。尽管如此，连利息都难以支付的王权还是在1607年、1627年、1647年多次宣布停止国库支付。

自16世纪80年代起，西班牙的农业生产就进入了下降的趋势。到了17世纪，由于国内人口减少，加上印地亚斯逐渐自给自足，对农产品的需求出现断崖式下跌。在与荷兰的品质和价格竞争中失败而开始衰退的塞哥维亚和昆卡的毛纺织业，也失去了昔日的风采。塞哥维亚市的人口从16世纪末的2.5万人，下降到17世纪中叶的1万人。

此外，从印地亚斯流入西班牙本土的白银数量也从17世纪30年代开始急剧下降。这与其说是由于印地亚斯的白银产量减少，不如说是由于白银无法在西班牙本土的港口卸货，而导致流向欧洲各国的白银数量增加了。到17世纪中叶，被西班牙哈布斯堡家族作为王室财政最大依托的卡斯蒂利亚王国已经明显不堪帝国的重负。

## ❸ 西班牙哈布斯堡王朝的动摇与终结

### 霸权的丧失

即使在签订《比利牛斯条约》后，法国的野心也没有停止。推行领土扩张政策的路易十四，随时窥伺着从西班牙君主国手中夺取领土的机会。在争夺佛兰德斯归属的“遗产战争”（1667—1668 年）中，西属佛兰德斯的 12 个城市（沙勒卢瓦、里尔等）被法国夺走。在稍后法国与荷兰的“法荷战争”（1672—1678 年）中，西班牙为了保卫佛兰德斯而站在荷兰一方参战，但在《奈梅亨条约》中，还是割让了弗朗什 - 孔泰地区给法国。

法国的这种扩张政策引起了欧洲各国的警惕，并就此引发了奥格斯堡同盟战争（1688—1697 年）。在战争中，同盟一方的西班牙尽显颓势，加泰罗尼亚成为战场，巴塞罗那被法军占领。但好在英国和荷兰在与法国的战争中占据了优势。在 1697 年签订的《里斯维克和约》中，法国国王路易十四归还了自 1678 年签订《奈梅亨条约》以后，从西班牙夺取的领土。路易十四归还领土的目的，是让波旁家族的安茹公爵菲利普（费利佩四世的女儿玛丽亚·特蕾莎和路易十四的孙子）成为卡洛斯二世的继承人，从而在西班牙宫廷中增强亲波旁派的影响力。

西班牙哈布斯堡家族与奥地利哈布斯堡家族多次出现近亲结婚现象。费利佩四世和第二任妻子玛丽亚娜（玛丽亚·安娜）也是伯父和侄女关系。1665 年，费利佩四世年仅 3 岁的儿子卡洛斯（卡洛斯二世）即位，由于其生来体弱多病，大部分时间国政都被交给得力的宠臣们。卡洛斯幼年时期由母后玛丽亚娜摄政，实际左右政治的是她自己从奥地利带来的告解神父——耶稣会士尼塔哈特（尼塔德）。尼塔哈特倒台后，出身那不勒斯的下级贵族巴伦苏埃拉负责国政，但遭到卡斯蒂利亚贵族的反对。1676 年，费利佩四世的私生子胡安·何塞掌握了实权，但 3 年后突然去世。

在那以后，由梅迪纳塞利公爵、奥罗佩萨伯爵等卡斯蒂利亚贵族先后执掌国政，但随着国王卡洛斯二世死后无嗣的可能性越来越大，西班牙君主国的王位继承问题成为欧洲列强的重要关切。尽管 17 世纪的多次战争迫使西班牙削减了许多领土，但仍拥有广大的“帝国”（除了印地亚斯等海外领土，西班牙在欧洲还拥有尼德兰、那不勒斯、米兰、撒丁岛等领地）。因此，不仅本来就拥有西班牙王位候选人的法国和奥地利，连英国和荷兰也介入了西班牙王位继承问题。

在列强企图按照各自利益瓜分西班牙帝国领土的情况下，以红衣主教波托卡雷罗等为中心的亲波旁派在宫廷中的影响力逐渐增强。这个宫廷内党派认为，如果让法国波旁王朝的安茹公爵菲利普继承王位，就可以借助法国的势力保全西班牙君主国的领土。需要特别注意的是，在这个谋略里，领土完整这一国家利益取代了以往的王朝利益。这说明时代已经从王朝国家走向了新的“主权国家”确立阶段。

1700 年 10 月，卡洛斯二世按照波托卡雷罗等人的意愿，签署了将西班牙王位传给菲利普的遗嘱，一个月后与世长辞。但另一位王位候选人奥地利哈布斯堡王朝的卡尔大公对这一结果无法接受。

## 经济复苏的预兆

于是，历时十三年的西班牙王位继承战争（1701—1714 年）就此展开。17 世纪下半叶，在国政持续动荡的同时，经济却出现了复苏的迹象。1680 年，卡斯蒂利亚将本国的贝隆币贬值 50%，1686 年又将银币贬值 20%，并铸造新的货币。这些措施虽然在一段时间内给经济带来了严重的打击，但货币信用得以恢复，提振了经济活动。

伊比利亚半岛周边地区由于没有像卡斯蒂利亚那样严重的通货膨胀，从 17 世纪 60 年代便开始出现了实质性的恢复。特别是加泰罗尼亚，葡萄栽培产业蓬勃发展，使以向北欧出口白兰地为主的手工业规模得到扩大，巴塞罗那商人正式开启了能够有机连接城乡的分散性纺织品的生产。在这个时期，马德里宫廷对地方的干涉减弱，被认为是“新尊重地方特权”时代。但这是因为王权的脆弱，而不是有意识地维护地方自治权。总而言之，同时代的加泰罗尼亚历史学家费利乌·德·拉·佩尼亚称赞卡洛斯二世是“西班牙最好的国王”。

然而，与欧洲各国相比，西班牙经济的落后是显而易见的。17 世纪末，加的斯成为印地亚斯贸易的垄断港口，但从这里出口到印地亚斯的商品中约有四成是法国产品，西班牙产品仅占 5%。在“日不落帝国”和“天主教君主国”的重压之下，西班牙不仅无法满足印地亚斯的需求，也无法利用印地亚斯的财富发展本国。

## ❹ “黄金世纪”的文化

### “反宗教改革”中的宗教性

从 16 世纪中叶开始，随着教派体制化的加强，天主教会的宗教礼仪也渗透到普通人的生活中。在西班牙“反宗教改革”的核心教义中，最受重视的是“无染原罪”教义（圣母玛利亚生来免于原罪沾染），拥护这一教义的宣誓也成为人们就任各种职务时的必要仪式。

在 17 世纪不安的经济和社会状态下，民众对“慈悲的圣母”玛利亚的崇敬之情日益高涨。根据记录，在安达卢西亚等地，人们的寒暄方式是喊出“向纯洁的玛利亚祝福”，对方则回以“（圣母玛利亚）从未带有罪孽”。而生活在塞维利亚的画家穆里略，曾接受城市贵族和教会、修道院的委托，创作了很多以“无染原罪”为主题的画作。

“临终圣体礼”（授予临终者涂油礼的天主教“秘迹”仪式）也是从这个时期开始受到重视的。当携带圣体的神父通过道路时，人们会跪在地上，拍着胸脯等待圣体通过，这种仪式在这个时期被作为惯例而定型。另一方面，作为中世纪以来哈布斯堡家族尊崇“临终圣体礼”的传统，国王亲自为携带圣体的神父献上马车被认为是一种传统，并被大肆渲染，其目的在于体现哈布斯堡王朝国王信仰之笃定和王朝传承的正统性。

特利腾公会议（参见前文）后，作为圣人“列圣”的标准被严格化，17 世纪成为圣人的人数仅为 25 人。其中 13 人是西班牙人，包括阿维拉的圣特蕾莎、圣伊格纳提乌斯·罗耀拉和圣弗朗西斯科·萨维尔。之所以采取这样的措

图 5-2　卡洛斯二世向执行“临终圣体礼”的一行神父献上马车（罗曼·德·霍赫的铜版画，1685 年）

施，主要是因为新教指责天主教的“圣人敬礼”如同儿戏。

但是在民众之间，除对圣母玛利亚的敬礼之外，对其他列圣者“圣人敬礼”的传统依然根深蒂固。发生洪水、干旱、蝗虫侵袭、冰雹、饥荒和疫病时，为了驱除灾厄，通常会举行举着圣母像和圣人像的宗教游行活动。例如，鼠疫有圣塞巴斯蒂安（塞巴斯奥斯），蝗虫来袭有圣奥古斯丁（阿古斯丁），圣人因作为某方面专门向上帝“说情”的人而成为民众的依靠。

## 塞万提斯的世界

16 世纪下半叶到 17 世纪中叶被称为西班牙的“黄金世纪”。因为在这个时期，西班牙的文学和美术等文化达到鼎盛。耐人寻味的是，在这个与被称为“日不落帝国”鼎盛期相比，衰退的征兆已极为明显的时期，西班牙诞生了一批留名后世的作品。

诗歌方面的贡戈拉和克维多，戏剧方面的洛佩·德·贝加和卡尔德隆·德·拉·巴尔卡都是当时的杰出人物。洛佩以历史为题材，创作了许多以“名誉”为母题的杰作，在剧场广受欢迎。小说方面，作为西班牙独特的流派，出现了以作者不详的《拉萨里略·德·托尔梅斯的一生》[1]（1554 年）

1　中译本名为《小癞子》。

为代表的流浪汉小说，描写了与帝国的繁荣格格不入的人们非道德但顽强坚韧的生活方式。

塞万提斯参加了1571年的勒班陀海战，他在晚年因著作《堂吉诃德》（上册1605年，下册1615年）而一举成名。这部作品虽然描写的是因骑士故事读多了而无法区分故事和现实的乡士的冒险旅行，但作为深刻洞察人类心理的作品，在世界上享有的盛誉也是不必赘言的。

但是，塞万提斯的作品也不能说完全超脱于当时西班牙的社会价值规范。西班牙近世社会被称为“血统身份制社会”，追求领主式生活和出身的纯洁和高贵，尤其作为“老基督徒”是最重要的。在塞万提斯的作品中，随处可见对改宗者的忌避和对天主教正统的执着。堂吉诃德的随从桑丘·潘萨虽然憧憬着成为“小岛领主”，但他最自豪的是自己是“灵魂上有四指板油的老基督徒”。

## 宫廷画家委拉斯开兹

“黄金世纪”因埃尔·格雷科、委拉斯开兹、里贝拉、穆里略、苏巴朗等画家的涌现达到了顶峰。包括普拉多美术馆在内的西班牙美术馆之所以能吸引世界的目光，就是因为这些画家的藏品非常丰富。他们的创作活动之所以能够如此活跃，是因为有王侯贵族、城市贵族、教会和修道院作为赞助人提供支持。

与意大利相比，在西班牙画家作为艺术家获得较高社会地位的时间要晚得多。在“黄金世纪”时期，画家这一职业被定位为从事“用手工作（包括文书和手工艺）”的工匠，与贵族身份的高贵感是不相容的。顺便一提，当时画家是不可能在画作上署名的。

被誉为宫廷画家代表的委拉斯开兹，将自己画在巨作《宫娥》（1656 年创作）的左侧，胸前闪耀着圣地亚哥骑士团十字章。这枚十字章可能是委拉斯开兹死后由他的弟子添加的，而这个以高贵著称的骑士团身份则是 1658 年由国王费利佩四世授予他的。但授予骑士团身份的理由不是因为他是“宫廷画家”，而是因为他担任了负责宫廷装饰的宫廷总管。在《宫娥》中，委拉斯开兹手握画笔，右腰挂着象征宫廷总管的钥匙袋。为了恢复西班牙君主国的“名望”，委拉斯开兹曾在布恩·莱蒂洛宫的“王国大厅”等众多建筑中，不停地为装饰王权而奋斗。

在授予委拉斯开兹骑士团身份的资格审查中，证人们说他“从未以卑贱的手工艺为职业，……他从不把画家作为（获取报酬的）职业，只是专为满足国王陛下的兴趣和要求而创作绘画”。画家被认可为高贵的艺术家，在西班牙还很遥远。这需要等到 1783 年的敕令中，明言“手工艺”不会导致贵族身份的丧失时才会实现。

然而，在 20 世纪中期，A. 卡斯特罗指出，活跃于“黄金世纪”的知识分子和艺术家中，包括了许多“converso”，即来自犹太皈依者家族的人，这一说法挑战了传统国民史学的禁忌。例如，阿维拉的圣特蕾莎就是其中之一。虽然这种情况被认为在委拉斯开兹的父系家族中也具有很高的可能性，但我认为在将思想和艺术特征与血脉联系起来进行讨论时，还是应当慎重。

图 5–3　委拉斯开兹的《宫娥》( 1656 年，普拉多美术馆 )

第6讲

# 从天主教启蒙到旧制度危机

## 18世纪—19世纪初

戈雅的《卡洛斯四世一家》(1800年，普拉多美术馆)

## 大事年表

| | |
|---|---|
| 1701年 | 西班牙王位继承战争（—1714年） |
| 1704年 | 英国占领直布罗陀 |
| 1705年 | 英国与加泰罗尼亚签订和约 |
| 1707年 | 费利佩五世取得阿尔曼萨战役胜利<br>以国王令的形式在巴伦西亚和阿拉贡颁布《新国家组织法》 |
| 1713年 | 签订《乌得勒支条约》 |
| 1714年 | 费利佩五世的军队攻占巴塞罗那 |
| 1716年 | 以国王令的形式在加泰罗尼亚颁布《新国家组织法》 |
| 1717年 | 西班牙海军占领撒丁岛 |
| 1718年 | 四国同盟战争（—1720年） |
| 1746年 | 费利佩五世去世，费尔南多六世即位 |
| 1756年 | 英法七年战争（—1763年） |
| 1759年 | 费尔南多六世去世，卡洛斯三世即位 |
| 1766年 | 埃斯基拉切暴动 |
| 1767年 | 从西班牙和印地亚斯驱逐耶稣会士<br>奥拉维德着手开拓新定居地区 |
| 1788年 | 卡洛斯三世去世，卡洛斯四世即位 |
| 1792年 | 戈多伊就任国务大臣 |

续表

| | |
|---|---|
| 1793 年 | 与法国爆发国民公会战争（—1795 年） |
| 1796 年 | 与法国结盟，与英国开战（—1797 年） |
| 1801 年 | 西班牙进攻葡萄牙（橘子战争） |
| 1804 年 | 与英国开战（—1807 年） |
| 1805 年 | 法西联合舰队在特拉法加海战中大败于英军 |
| 1807 年 | 《枫丹白露条约》签订，拿破仑与戈多伊约定瓜分葡萄牙 |

## ❶ 西班牙王位继承战争与《新国家组织法》

### 作为国际战争的西班牙王位继承战争

路易十四的孙子菲利普，于 1701 年 2 月以费利佩五世的名义入主马德里。随后，藐视国际形势的路易十四便露出了野心，他不仅扬言，根据情况费利佩有兼任法国国王的可能，还以费利佩的名义在属于西班牙领地的尼德兰驻扎了军队。担心法国和西班牙合并的英国和荷兰向奥地利哈布斯堡王朝靠拢，于同年 9 月与奥地利结成反波旁王朝的“大同盟”，并于次年 5 月对法国和西班牙宣战。

1701 年爆发的西班牙王位继承战争已经超越了传统的王位继承战争，成为一场席卷欧洲各国的世界战争。这是为了争夺作为近代国家发展基本盘的殖民地和通商、经济权益而展开的战争。而与这场战争相关联的，英国与法国间的殖民地争夺战，被称为安妮女王之战（1702—1713 年）。

作为一场国际战争，战况以拥护卡尔大公（神圣罗马帝国皇帝利奥波德一世的次子）西班牙王位继承权的大同盟一方占据优势地位。1708 年，大同盟占领了地中海的撒丁、西西里和梅诺卡，在佛兰德斯战争中也取得了有利形势，侵入法国领土，夺取了里尔。饱受国内歉收之苦的路易十四倾向于和解，但大同盟提出的苛刻要求令他无法接受。

1711 年 4 月，随着担任神圣罗马帝国皇帝的哥哥约瑟夫一世的去世，卡尔大公（曾宣称为西班牙国王卡洛斯三世）继承皇帝之位，情况发生了变化。对英国来说，最关心的是欧洲势力均衡和海外权益扩张，因此不能容忍再出现 16 世纪卡尔五世[1]时期那样横跨奥地利和西班牙的哈布斯堡大帝国。最终的和平是通过 1713 年的《乌得勒支条约》和翌年的《拉施塔特条约》得以实现的。

结果，费利佩五世虽然获得了列强的承认，但完全放弃了成为法国国王的权利。西西里岛被划归萨伏伊，原为西班牙属地的尼德兰、那不勒斯、米兰和撒丁岛划归奥地利。得到最多实惠的是英国人，他们保留了战争中占领的直布罗陀和梅诺卡，获得了向印地亚斯提供奴隶的权利。西班牙垄断

---

1　即前文的西班牙国王卡洛斯一世，根据英文发音也译作查理五世。

大西洋贸易的体制就此受到极大的动摇。

## 作为内战的西班牙王位继承战争

让我们再把时间稍稍回拨。1701 年 5 月，费利佩五世召开卡斯蒂利亚王国议会并进行国王宣誓后，巡访了阿拉贡、加泰罗尼亚、那不勒斯、米兰等地，试图从组成西班牙君主国的各国取得对西班牙波旁王朝的效忠。对于因为 1640 年的叛乱而反法情绪强烈的加泰罗尼亚，他在公国议会上宣誓尊重“地方特权”，并赋予加泰罗尼亚公国与印地亚斯进行贸易的特权。

尽管费利佩五世采取了怀柔政策，但没能阻止加泰罗尼亚转而支持卡尔大公。在英国和荷兰的支持下，卡尔大公于 1704 年 5 月登陆里斯本，加强了从葡萄牙方向的攻势。如前所述，同年 8 月，英国夺取了直布罗陀。次年 10 月，卡尔大公在巴塞罗那登陆，加泰罗尼亚公国被迫承认卡尔为卡洛斯三世。此后，阿拉贡王国和巴伦西亚王国也跟随加泰罗尼亚公国的决定，支持卡尔。但因为根据事先签订的《热那亚协定》（1705 年 6 月），英国政府将为反波旁王朝的加泰罗尼亚的各种特权身份，提供“独特的法律和特权”保障。

西班牙君主国就这样分裂为两部分，在马德里和巴塞罗

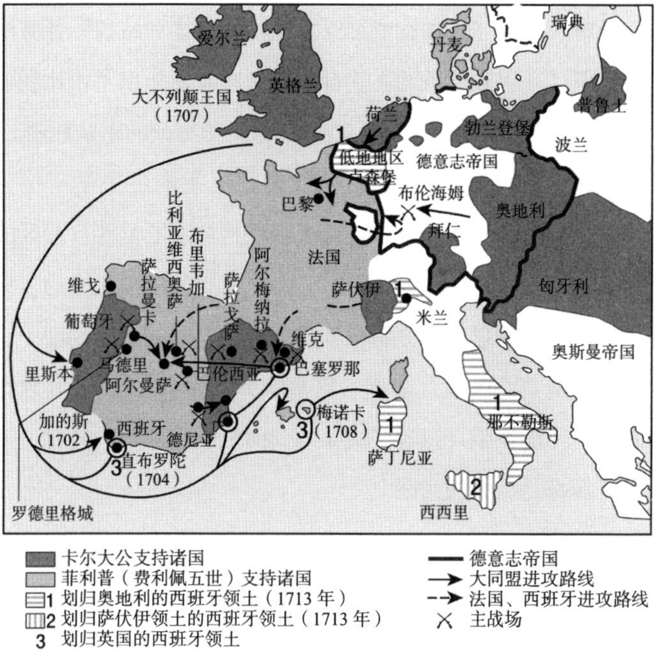


图 6–1　西班牙王位继承战争与《乌得勒支条约》

那分别设有宫廷。但是，费利佩五世起用路易十四派遣的奥利等人，重整财政和军事，使国内战况开始向有利的方向发展。1707 年 4 月，费利佩在阿尔曼萨战役中获胜，6 月恢复了对阿拉贡和巴伦西亚的统治，并向加泰罗尼亚发起进攻。到了 1711 年，只有巴塞罗那和周边地区成为抵抗的据点。

巴塞罗那的抵抗，一方面是对费利佩以“征服权”为挡箭牌，废除巴伦西亚和阿拉贡地方特权措施的反抗；另一方面是对英国能守护加泰罗尼亚“独特的法律和特权”怀有期待。但《乌得勒支条约》签订后，大同盟便撤出了伊比利亚半岛。1714 年 9 月 11 日，巴塞罗那向费利佩的军队屈服。

9 月 11 日这天被后来的加泰罗尼亚国民史学定位为“加泰罗尼亚民族的终结之日”（现在是加泰罗尼亚自治区的“国庆日”）。但是，在西班牙王位继承战争中被废除的，只是作为加泰罗尼亚地方特权和身份统治基础的政治制度（加泰罗尼亚议会常设代表部、巴塞罗那百人会议等）。其独特的社会经济惯例及语言、文化与“西班牙民族”的同化，无论好坏都是后来的问题。

## 《新国家组织法》的颁布与王国改革

奥利等法国出身的官员的王权强化政策，得到了一直以来对“复合君主政体”持批判态度的西班牙官员的支持。其中，马卡纳斯主张，要想重建君主国，确立中央集权行政和国王教权主义（后述）的对教会政策是不可或缺的。他致力于废除地方特权，并于 1713 年担任重组后成为国家治理核心咨询机构的卡斯蒂利亚顾问会议检察官。

继巴伦西亚和阿拉贡之后，“征服权”也适用于加泰罗尼亚，阿拉贡联合王国所有成员国的地方特权都被废除，并基于以国王令形式颁布的《新国家组织法》，进行了制度上的改编。根据《乌得勒支条约》失去了除西班牙以外所有欧洲领土的西班牙君主国，就此告别了“复合君主政体”，并作为将领土限定在西班牙和印地亚斯的国家，开始以卡斯蒂利亚的法制形式走向政治和法律的一元化。因此，在后文中我们将以“西班牙王国”来表示其国名。

在中央行政方面，“西班牙王国”只保留卡斯蒂利亚顾问会议作为与整个王国有关事务的咨询机构，同时从 1714 年开始充实国王秘书的职位，1721 年又设立陆军、海军—印地亚斯、外交、法务、财务 5 个省，实质上开始向大臣制度过渡。在地方统治方面，政府虽然试图效仿法国引进地方长官制度，但落实过程历经曲折。在城市行政方面，卡斯蒂利亚的派遣官员制度和城市参事会制度被引入阿拉贡联合王国，推进了地方统治机构的一元化。

此外，“西班牙王国”还在阿拉贡联合王国诸国设立了方面军司令官一职和由他主持的地方高等法院，以取代副王，实行军政性质较强的司法行政制度。随着司法的一元化，在审判中使用卡斯蒂利亚语也成为规定义务。再加上新税制的导入，来自阿拉贡诸国的国库收入有了飞跃性的增长。但是，《新国家组织法》的施行，也让这些地区获得了新的发展机遇。因为随着制度上一元化的推进，大大小小的国内关税被废除，使周边各地区的工商业资产阶级进入西班牙国内和印地亚斯两个市场都变得容易了。

由于欧洲领土的割让，西班牙反而减轻了对外负担，因此可以致力于强化王国组织的改编。在军队方面，除了整备常备军和引进军团制度，虽然还不完善，但也开始了征兵制的实行。为了维持印地亚斯，政府还推进了海军的近代化和强化，设立了海军学校、造船厂等。

## 意大利领土的恢复

1714 年，费利佩五世迎娶了帕尔马的伊莎贝拉·德·法内西奥（伊丽莎白·法尔内塞）为第二任王后，使西班牙的对外关系由此掀起了巨大的波澜。伊莎贝拉精力充沛地介入政治，大幅削弱了法国波旁王朝的影响，并试图收复意大利的失地。意大利神职人员阿尔贝罗尼由此得到任用，他让西班牙海军于 1717 年占领撒丁岛，翌年又占领了西西里。为了维持乌得勒支体制，英国、法国、荷兰、奥地利结成四国同盟与之对抗，法国随即入侵巴斯克。西班牙由此转入守势，阿尔贝罗尼下台。1720 年，《海牙条约》签订，西班牙收回了被占领地。1725 年，来自荷兰的利佩尔达男爵被起用。他试图通过接近宿敌奥地利的卡尔六世来扭转局势，但在英国和法国的压力下，第二年就被迫下台。

通过波兰王位继承战争（1733—1735 年）和奥地利王位继承战争（1740—1748 年）的结果，西班牙最终实现了收复失地的野心。在这些战争中，西班牙每次都依照“家族协定”站在法国一方参战，迫使列强承认伊莎贝拉的两个儿子继承意大利的领土。结果，长子卡洛斯成为那不勒斯国王（卡洛七世），次子费利佩成为帕尔马公爵（菲利普）。

然而，尽管背靠法国，西班牙仍然无法抵挡英国对直布罗陀和梅诺卡的占领以及对大西洋贸易的威胁。1746 年，费利佩五世去世，其子费尔南多六世即位后，在国际政治上

图 6–2　让·朗克的《费利佩五世家族》（1723 年，普拉多博物馆）

始终坚持中立外交，致力于国内改革。两位极富能力的大臣，恩塞纳达和卡瓦哈尔分别是亲法派和亲英派，这给对外政治带来了平衡。恩塞纳达还推进了海军改革，使西班牙海军成为欧洲首屈一指的海军。

## ❷ 天主教启蒙与波旁改革

### 七年战争与埃斯基拉切暴动

费尔南多六世于 1759 年去世后，同父异母的那不勒斯国王卡洛斯即位为西班牙国王（卡洛斯三世）。由于不允许兼任那不勒斯国王，所以那不勒斯的王位传给了他的儿子（斐迪南四世）。卡洛斯在那不勒斯已经积累了丰富的统治经验，但发生了两个事件，使他认识到有必要对西班牙王国进行广泛的改革。

一是参加七年战争（1756—1763 年），结果战败。这场战争是英法两国的殖民地争夺战，英国占领洪都拉斯等地对西班牙的海外领土构成了威胁。虽然在 1761 年西班牙与法国缔结“家族协定”挑战英国，但结果却是在 1763 年签订的《巴黎条约》中，包括割让佛罗里达等。西班牙被迫对英国作出进一步让步。西班牙不仅要增强海军力量，还要改变脆弱的殖民地统治制度，同时建立本土与殖民地之间的新型贸易关系。

二是 1766 年爆发了被称为“埃斯基拉切暴动”的全国性骚乱。埃斯基拉切侯爵是卡洛斯在那不勒斯时期的亲信，为了推进经济自由化，他在 1765 年废除了谷物的最高交易限价。此举引发了市场投机和谷物价格暴涨，翌年 3 月，为了维持治安在首都发布的服装管制令，进一步激起了民众的愤怒。从 3 月到 5 月，以马德里为首的 100 多个市镇发生了

图 6-3　被认为是戈雅所作的《埃斯基拉切暴动》（1766 年前后，私人收藏）

民众骚乱和暴动。虽然埃斯基拉切因此被罢免，但此次暴动暴露出西班牙国内市场经济不发达和农业生产不足，以及地方自治体行政管理方面的缺陷导致粮食供应不充分的问题。

于是，卡洛斯三世在 18 世纪 60 年代到 80 年代，着手进行了“自上而下的改革”。这就是所谓的“启蒙式改革”，历史进入了坎波玛内斯伯爵、弗洛里达布兰卡伯爵、奥拉维德、霍维利亚诺斯等启蒙改革派官员大显身手的时代。

## 天主教启蒙运动

不言而喻的是，“启蒙式改革”要以“启蒙思想”为基础。不过，虽然启蒙思想主张对抗传统权威，并以人类理性为基础进行社会各领域的改革，但在各国的特点各不相同。具体来说，拥有天主教君主国传统的西班牙，不可能像法国启蒙思想那样反天主教，而是以所谓“天主教启蒙”的形式呈现。但是，这并不是对此前国家与天主教关系的首肯。

“天主教启蒙”的理念在于，摒弃天主教信仰中所谓巴洛克宗教性的庄严外表和迷信（与民间宗教的妥协），重视 16 世纪人文主义者伊拉斯谟倡导的精神皈依。这与当时的詹森主义（最初由 17 世纪荷兰神学家康内留斯·奥图·詹森提出的思想，强调人类自由意志的无力性，与耶稣会对立。教廷在1653年将詹森主义视为异端，但在18世纪与主张摆脱教皇权威的自由主张结合在一起而传播开来，与乌得勒支独立天主教会的动向以及1786年在托斯卡纳召开的皮斯托亚宗教会议密切相关）是相通的。

在西班牙，国王和教会被比喻为“王座”和“祭坛”，而“王座”则是促进宗教纯化的“祭坛”的最大保护者。既然是国王，而非罗马教廷才是西班牙教会更新的主体，那么国王教权主义（主张加强王权对国内教会的控制，以高层神职人员任命权为中心。在淡化教廷影响的意义上，与国家教会主义是重叠在一起的）就被摆在了前面，这与世俗层面上国王的绝对性主张是一致的。

18世纪初，马卡纳斯效仿法国的行动，主张国家教会主义（主张排除教皇对国内教会的干涉），但被异端裁判所驳回。然而，西班牙王权通过1737年和1753年的政教协约加强了国王教权主义的立场；又利用了1766年埃斯基拉切暴动引起的国内动荡，于1767年彻底驱逐了耶稣会士。对自古以来民众从未直接威胁过王权的西班牙来说，有必要提出某种阴谋论，即这次民众暴动是由特定团体煽动的。

驱逐耶稣会士对王权来说尤其具有重要的意义。16世纪由西班牙神父罗耀拉创立的耶稣会在得到教皇的认可后，一方面成为对抗宗教改革的旗手，并热衷于在海外开展传教活动；另一方面致力于贵族子弟的教育，与传统的特权和身份相结合，在社会上具有很大的影响力，历代国王的忏悔神父都由耶稣会士担任。18 世纪下半叶，迫于国内改革的需要，耶稣会站在教皇至上主义的立场上，同时又从盖然论（在人类的伦理生活中，通过尽可能避免犯罪的危险来确保最大限度的自由）的立场上拥护自由意志，其中也有耶稣会士倡导暴君放伐论（不承认国王的绝对权力，认为可以打倒坏君主）。奉行国王教权主义和启蒙绝对主义的卡洛斯三世，以及试图在国王的庇护下限制传统身份附带的各种特权、实现全面改革的改革派官僚，都不允许这个团体的存在。驱逐耶稣会士的做法受到了很多在俗神职人员和修道会的欢迎，他们认为这是一项“教会健全化”的方策。

### 启蒙改革派的各项改革

尽管启蒙改革派所着手的各项改革涉及社会和经济的广泛领域，但并没有像 A. 埃洛尔萨所指出的“身份制社会的合理重组”那样，打破旧制度的秩序和结构。但是，从揭示落后的西班牙社会所存在的各种矛盾的意义上看，启蒙改革对接下来的自由主义改革产生了很大的影响。

在农业生产不足、农村居民贫困加剧的情况下，培养相当于“国家神经”的自律性农民成为启蒙改革派最大的目标。于是，政府出台了将地方自治体所有的耕地优先分配给小农，以及禁止在地主直接经营以外的情况下驱逐租地农民等措施。此外，通过制定《农地法》，削减贵族阶层的限嗣继承制度、教会和修道院的不可让渡财产、梅斯塔协会（流动畜牧业协会）的牧草地永久使用权等各种特权，并通过稳定的佃农契约实现向农民阶层出租土地。

在启蒙改革派着手的事业中，最有意义的是莫雷纳山脉地带的开拓事业。西班牙南部的莫雷纳山脉一带原本建有通往加的斯的王室专用道路，但荒无人烟，土匪横行。1767年，政府制定了《新定居地区特别法》，根据该法案，大约7200名天主教农民从德语圈地区（南德意志、瑞士、阿尔萨斯等）移居至此，建立了15个村镇。除了增加定居村落来改善地区治安的目的，这项工程还如其总监奥拉维德所述，要让人们知道“启蒙的恩惠”，从而形成追随这种村落模式的社会趋势。这里禁止设定限嗣继承财产和不可让渡财产，也禁止设立教区教会以外的宗教设施。定居者能分得一定的耕地，进行农耕和家畜饲养相结合的小农经营。虽然《新定居地区特别法》在自由主义改革中被废除（1835年）后，农民们逐渐产生了贫富差距，但莫雷纳山脉新移民定居地区的首邑拉·卡罗利纳一眼望去如棋盘状整齐的街道，至

图 6–4　拉·卡罗利纳市区（哈恩省）

今仍是启蒙改革派理念的延续。

不过，到 18 世纪末，随着宣扬自由主义经济和私有财产不可侵犯的主张不断高涨，制定《农地法》的尝试遭遇了挫折。霍维利亚诺斯撰写的《关于农地法的报告》（1794 年完成，次年出版）在批判传统特权的同时，也否定了保护小农的国家干预政策。虽然限嗣继承财产和不可让渡财产等各种特权被持续作为削弱对象，直到 19 世纪上半叶的自由主义改革被彻底废除，但是，新旧地主的土地集中和独立自主的小农群体的没落也在加剧。

在手工业领域，18 世纪上半叶出现了很多被赋予特权的奢侈品制造工场，但大多效益不佳。经历过埃斯基拉切暴动，认为这一事件与国家的工商业振兴密切相关的坎波玛内斯伯爵撰写了《大众工业论》（1774 年）一书，提倡振兴普通日用品制造业，批判行会的垄断权，并试图搞活农村家庭手工业。但是，行会的废除直到自由主义改革时期仍然是一大课题。另外，在卡斯蒂利亚的近世社会中，正如关于委拉斯开兹作为画家的那些相关评语（参见第 5 讲），对“手工艺”的蔑视情绪根深蒂固。因此，希望振兴手工业的王权在 1783 年颁布了敕令，宣布一切手工业活动都是“有名誉的”，以及禁止手工业者担任地方政府官职的地方政府规章无效。但是单靠国王敕令，想要立即抹除旧制度的社会价值观无疑是困难的。

为了促进经济活动，启蒙改革派设立了“祖国之友·经济协会”。从 18 世纪 60 年代到 80 年代，全国出现了约 90 个协会，主要成员为开明地方贵族和神职人员，他们致力于将产业技术在大众中普及。但是，来自“上面”的奖励是有限的，相反，在工商业活动繁盛的加的斯、毕尔巴鄂、巴塞罗那等地，并没有这种协会扎根。

为了振兴科学技术，教育改革是不可或缺的。政府在各地建立了军事技术、航海、工程等专门学校，并以驱逐耶稣会士为契机，尝试进行了大学改革。时任塞维利亚城市长官的奥拉维德便于1769年制定了塞维利亚大学教育改革方案，作为全国大学改革的示范。曾经是守旧特权阶层堡垒的大学宿舍也被逐渐拆除，但其最终完全消失要到1798年。

18世纪，西班牙的人口从约700万人增加到1000万人，但在间歇式的粮食危机和饥荒的侵袭下，贫困者和流浪汉不断涌入城市，成为影响治安的社会问题。埃斯基拉切暴动后，马德里立即设立了圣费尔南多济贫院，这是启蒙改革派应对这一问题的模板。旧制度下的教会虽然将其收入的大部分用于向聚集在教会的贫民发放面包，但这种慈善行为往往被指责为放任贫民懒惰和违背了“实用性”。而济贫院收容流浪汉后，会强制有劳动能力的人在工场劳动。但是，国家的济贫事业完全取代教会的慈善活动是在19世纪。

## “自由贸易”的促进

直到1837年，按照宪法规定，印地亚斯属于西班牙君主国的“海外诸地区”之一。因此，不管实际情况如何，西班牙都避免使用“殖民地”这一称呼。但是，面对欧洲列强对美洲的渗透，强化统治制度，将贸易关系调整为符合本国利益的形式，成为启蒙改革派的首要问题。

为了整顿腐败的当地行政，政府引入了地方长官制度，由本国人而不是克里奥尔人（印地亚斯的土生白人）担任。但是，强化对本国从属的一系列中央集权性改革，招致了以克里奥尔人为首的印地亚斯居民的反抗，并引发了图帕克·阿马鲁起义（1780年，秘鲁）等动乱。

1776年的北美殖民地独立，唤起了印地亚斯当地统治阶层的独立梦。在保持印地亚斯日益困难的情况下，驻巴黎大使阿兰达伯爵建议将印地亚斯划分为三个松散的王国。但是，这种以王朝纽带连接广大领土的“复合君主政体”落后于时代的构想。

与印地亚斯的贸易是在本国塞维利亚（17世纪末起，加的斯也加入其中）与印地亚斯的几个垄断港口之间进行的。18世纪上半叶，虽然政府又设立了往返加拉加斯航线的吉普斯夸公司等拥有特权的贸易公司，但为了贸易的活跃化，必须开放更广泛的商业参与机会。于是，1765年，卡洛斯三世政府发布了“自由贸易”规则，接着又通过1778年的国王敕令，使西班牙的13个港口与印地亚斯的22个港口实现了直接交易。由此，西班牙的大西洋贸易规模得到了飞跃性的扩大，1782—1796年的平均值与1778年相比，出口额增长了4倍，进口额增长了10倍。但由于1796年西班牙与英国开战，贸易航线被英国舰队控制，西班牙本土与印地亚斯事实上断绝了关系。

从这种“自由贸易”中受益最大的是加泰罗尼亚。由于其葡萄酒和白兰地的出口大幅增加，葡萄种植面积也随之得到扩大。同时，以向美国出口为基础，棉质印花布料的生产也迅速增长。再加上英国纺纱机的引进，加泰罗尼亚的棉纺织业实现了近代化发展。

## ③ 法国大革命与西班牙旧制度的危机

### 法国大革命的影响

1788年，卡洛斯三世去世，其子卡洛斯四世即位。弗洛里达布兰卡伯爵仍留任国务大臣（宰相）之位，启蒙性的各项改革本应继续进行，但随着翌年邻国法国爆发大革命，情况发生了变化。面对大革命的不断发展，弗洛里达布兰卡伯爵设立了防止革命传播的“防疫线”，并为了取缔革命出版物，加强了宗教裁判所的审查。有一段时期，西班牙国内禁止三家政府系报纸以外所有其他报纸的发行，并加强了对外国侨民的监视。

但是由于国内谷物价格上涨，1789年巴塞罗那发生了粮食暴动，1791年不稳定的动向也在巴伦西亚蔓延开来。弗洛里达布兰卡还对法国采取了敌对性的介入政策，但没有奏效。忍无可忍的卡洛斯四世在1792年2月解除了他的职务，任命阿兰达伯爵为其继任者。

曾经担任驻巴黎大使多年的阿兰达，对法国采取了“绥靖”政策，企图让卡洛斯三世的亲戚路易十六复辟，但1792年8月法国君主政体被推翻，翌月国民公会成立，宣布废除君主制，建立共和政体。无法应对事态的阿兰达于11月被罢免。

卡洛斯四世任命的下任国务大臣是25岁的曼努埃尔·戈多伊。戈多伊从一名近卫兵破例晋升为国务大臣，坊间流传是因为王后玛丽亚·路易莎与其是情人关系，而无能的国王对此采取了默认态度。长期以来，传统国民史学对此一带而过，并对戈多伊进行了贬低。但是，戈多伊的形象近年来被大幅改写，虽然他得到了王后的宠爱，但罢免了以司法官员为政治基本盘的弗洛里达布兰卡和得到贵族支持的阿兰达的国王，确实需要选择一位不受宫廷党派影响的新人来处理国内外的问题。

### 戈多伊的“宰相专制主义”

从1792年末到1808年春，除了1798年3月—1800年12月，戈多伊都得到了国王夫妇的信任，享有绝对权力，这被称为“宰相专制主义”。在国家存亡的危机中，虽然他因采取强权式的“自上而下的改革”，威胁了守旧特权阶层的传统权益，自身又长期保持着违反“天主教启蒙”道德的情人关系，并在频繁的战争中成为民众怨恨的对象，受到了恶劣的评价，但他也是一位为防止旧制度崩溃作出了最大努力的人物。

此后，戈多伊虽然应卡洛斯四世的要求，策划了拯救路易十六的计划，但 1793 年 1 月，路易还是被国民公会处死了。同年 3 月起，法国和西班牙进入战争状态，这场以法国国民军为敌的“国民公会战争”的战况对西班牙极为不利。在法国的恐怖政治宣告结束后，戈多伊转向和平，于 1795 年 7 月签订了《巴塞尔条约》。不过在主要战场加泰罗尼亚，这场战争被称为“大战争”，民众之间产生了对“没有国王和上帝的侵略者”的狂热抵抗。

过渡为督政府后，法国呼吁西班牙针对共同的敌人英国建立军事同盟，戈多伊与之同调而行，于 1796 年 8 月签订了《圣伊尔德丰索条约》。结果，西班牙直接卷入了英法的战争，加强了对法国的从属。1797 年，由于英国海军的阻拦，西班牙与印地亚斯的贸易变得非常困难。同年 12 月，西班牙允许印地亚斯与中立国进行贸易。当然，这无疑加速了印地亚斯的经济自立。

在对法国、英国持续处于战争状态的情况下，国家财政极度紧张。戈多伊知道通过发行国债等方式无法摆脱困境，于是积极起用霍维利亚诺斯等启蒙改革派，试图进行大刀阔斧的国内改革。但是，与法国督政府保持距离的做法，危及了戈多伊的国务大臣地位，并遭到了坚持天主教伦理观的霍维利亚诺斯等人的反对。卡洛斯四世因此决定让戈多伊远离政权中枢，让亲法的乌尔基霍担任国务大臣。

但是，乌尔基霍采取了从国王教权主义进一步升级为国家教会主义的立场，于 1799 年 9 月宣布罗马教廷无权介入西班牙主教任命。担心与教会的关系进一步恶化的卡洛斯四世，于 1800 年 12 月解除了乌尔基霍的职务，任命性格温和的塞瓦略斯为国务大臣。这反映了将督政府变为执政府并担任第一执政的拿破仑的意向。也正因如此，赢得了拿破仑信任的戈多伊，虽然此时的头衔是将军，但已作为实际的宰相恢复了权力。此后，西班牙的对外政策开始追随拿破仑。

虽然他严厉打击与自由主义相关的政治活动，但为了拯救处于瘫痪状态的国家财政，戈多伊不得不动用旧制度特权身份阶层所拥有的巨额财产。他继承了乌尔基霍出售慈善宗教团体的土地财产，并将其收入充当国债折旧基金的政策，同时在 1805 年得到教廷的许可后，着手出售部分教会财产。由于“戈多伊的永久财产释放”政策，从 1798 年到 1808 年的 10 年间，教会相关财产的约六分之一被出售成为国库收入。

此外，戈多伊还致力于普及实用知识和批判陋习。1805年，他创立了佩斯罗奇军官学校，以支持新教育的普及。这一时期，画家戈雅（1746—1828年）在戈多伊的庇护下创作了许多幅讽刺画，批判传统社会所孕育的无知蒙昧。戈多伊的情人佩皮塔的裸体画像《裸体玛哈》也是戈雅的作品。

### 追随拿破仑

戈多伊按照拿破仑牵制英国同盟国葡萄牙的要求，在1801年5月对葡萄牙发动了攻击（橘子战争）。次月，双方签订了《巴达霍斯条约》，葡萄牙承诺不再向英军提供港口。1802年，英法签订《亚眠和约》，获得了短暂的和平，但第二年战争再度爆发，使西班牙卷入了拿破仑的野心之中。1805年10月，法国和西班牙的联合舰队在加的斯东南的特拉法加角海域被英国舰队歼灭（特拉法加海战）。西班牙失去了18世纪中叶重建的舰队，与印地亚斯的联系也就此断绝。

此后，戈多伊试图脱离拿破仑，但1806年10月法军在耶拿战役中获胜后，他再次选择追随之路。拿破仑为了与英国对抗，加强了“大陆封锁”，并试图压制成为封锁障碍的

图 6-5　曼努埃尔·戈多伊肖像（戈雅作品，1801 年，圣费尔南多皇家美术学院）

葡萄牙，但这需要法军从陆路进军。1807 年 10 月，拿破仑与戈多伊秘密签订了《枫丹白露条约》，允许法国军队通过西班牙领土，征服后的葡萄牙将被分为三部分，其中一部分属于戈多伊。结果，出现了超过 10 万名法国士兵驻扎在西班牙国内要冲的景况。

由于戈多伊的专制，传统权益受到威胁的各种特权阶层，集结在卡洛斯四世之子费尔南多的手下企图推翻政府（埃尔·埃斯科里亚的阴谋）。这一时期，饱受连绵战争之苦的民众中反戈多伊的情绪也越来越强烈。1808 年 3 月 17 日，在费尔南多派贵族的煽动下，民众涌向国王夫妇居住的阿兰胡埃斯离宫。卡洛斯四世承诺撤换戈多伊，并接受了让自己退位的要求。

3 月 24 日，费尔南多七世在民众的狂热欢呼中进入首都。但是，他的父王卡洛斯四世撤回了退位宣言，并计划取得拿破仑的支持。对费尔南多来说，获得拿破仑认可同样是不可或缺的。但是，对王公贵族之间的争斗冷眼旁观的拿破仑，已经制订了让自己的哥哥约瑟夫当傀儡国王，把西班牙变成卫星国的计划。

## 第 7 讲

# 革命与反革命的时代

### 19 世纪上半叶—19 世纪 70 年代

戈雅版画集《战争的惨祸》( 1810—1815 年 )，第 39 号《了不起的功勋！以死人为对手！》

## 大事年表

| | |
|---|---|
| 1808 年 | 西班牙独立战争（—1814 年）爆发 |
| 1812 年 | 加的斯议会颁布 1812 年宪法 |
| 1814 年 | 费尔南多七世回到西班牙，废除加的斯宪法 |
| 1820 年 | “自由主义的三年”（—1823 年） |
| 1823 年 | 费尔南多七世回归专制主义，是为“可憎的十年”（—1833 年） |
| 1833 年 | 费尔南多七世去世，伊莎贝拉二世即位。玛丽亚·克里斯蒂娜（—1840 年）摄政<br>第一次卡洛斯战争（—1839 年）爆发<br>地方行政改革，将全国划分为 49 个县 |
| 1836 年 | 蒙迪萨瓦尔公布永久财产释放令 |
| 1837 年 | 1837 年宪法公布 |
| 1844 年 | 治安警察设立 |
| 1845 年 | 温和派的 1845 年宪法颁布 |
| 1846 年 | 第二次卡洛斯战争（—1849 年）爆发 |
| 1848 年 | 巴塞罗那与马塔罗间开通第一条铁路 |
| 1851 年 | 与罗马教廷缔结《政教协约》 |
| 1854 年 | “进步派的两年”（—1856 年） |
| 1855 年 | 马多斯的《永久所有财产普通法》 |
| 1859 年 | 与摩洛哥爆发非洲战争（—1860 年） |

续表

| | |
|---|---|
| 1868 年 | 九月革命爆发，伊莎贝拉二世流亡法国<br>古巴十年战争（—1878 年）开始 |
| 1869 年 | 1869 年宪法颁布 |
| 1870 年 | 阿玛迪奥一世即位 |
| 1872 年 | 第三次卡洛斯战争（—1876 年）爆发 |
| 1873 年 | 阿玛迪奥一世放弃王位，第一共和国成立<br>康托纳利斯起义<br>1873 年宪法草案公布 |
| 1874 年 | 帕维亚将军发动政变，塞拉诺就任总统<br>马丁内斯·坎波斯将军政变，阿方索十二世发表君主制复辟宣言 |

## 1 拿破仑的侵略与西班牙独立战争

### 波拿巴王朝

拿破仑巧妙地将争夺王冠的父亲卡洛斯四世和儿子费尔南多七世引诱到法国境内的巴约讷，迫使父子双双放弃王位，于1808年6月扶植自己的哥哥约瑟夫以何塞一世的身份即位，成为西班牙国王。接着又在巴约讷召开西班牙名流会议，迫使西班牙上层精英承认新的波拿巴王朝，并公布“巴约讷宪法”。

在西班牙的传统国民史学中，何塞一世被认为是“篡位之王”，不被列入王朝系谱，巴约讷宪法也被从宪法史上剔除。但是，从1808年至1813年统治西班牙大半领土的是何塞一世政府，列伦特、卡瓦尔斯、乌尔基霍等启蒙改革派无疑对新体制寄予了国家改革和现代化的期望。巴约讷宪法在坚持天主教国教化的同时，根据拿破仑加冕皇帝时的宣言（1804 年），在废除封建权利的基础上，承认了一定的国民权利。而反法抵抗地区加的斯制定的 1812 年宪法（后述）虽然被认为是西班牙最早的近代宪法，但其与巴约讷宪法的类似性，以及从后者受到的影响是不容忽视的。

何塞一世努力通过任用渴望近代化的亲法派官员来确立政治统治。他施行了废除各种封建权利，撤废宗教裁判所，关闭部分修道院等自由主义改革，但仍未能消除“闯入王”“泡在酒瓶里的何塞”的恶评。对于拿破仑在 1810 年 2 月将埃布罗河以北地区实际并入法国的暴行，何塞也没有办法反对。

何塞曾为马德里的城市建设作出了不少贡献，如拆除了许多教堂和修道院，将其改为广场。但在 1812 年 7 月，英军在阿拉皮雷斯战役中获胜后，他放弃了马德里。由于战况进一步恶化，他又于 1813 年 6 月逃往法国边境。与此相联系的是，被认作亲法派的 1.2 万人因为害怕遭到报复而离开了祖国。

## 五月二日事件

在西班牙国民史学中，1808 年 5 月 2 日发生的马德里民众起义是反法抵抗运动的起点，但从4月开始，在莱昂和布尔戈斯等市镇，就出现了攻击法国驻军和与之合作的地方当局官员的暴动。这一年，民众因歉收和饥饿而痛苦不堪，蛮横的法国士兵的存在令人忍无可忍。

5月2日清晨，为了阻止留在马德里的王子弗朗西斯科·德·保拉（卡洛斯四世的幼子）等人被转移到法国，许多群众聚集在宫廷前，并与法国士兵发生了冲突，蒙特雷昂炮厂的部分军人也顺势展开反法暴动。但是被压倒性的法军镇压，到第二天有数百名居民被处以枪决。这一景象在戈雅的画作《1808年5月2日》和《1808年5月3日》中被描绘得淋漓尽致。但实际上，当时的政府机关、城市当局、教

图7-1 戈雅，《1808年5月2日》（1814年，普拉多博物馆）

图 7–2　戈雅，《1808 年 5 月 3 日》（1814 年，普拉多博物馆）

会、宗教裁判所一致谴责这次起义，上层市民则静观事态的平息。

事件发生后，马德里近郊的莫斯托莱斯村向各地发出“为国王和祖国而死”的呼吁，引起了很大反响。将留在法国的费尔南多七世视为“被期望的国王”的爱国派抵抗运动，将这一事件赞颂为国民性的爱国起义。

但是，费尔南多被寄予了回归专制主义王政、重新着手启蒙改革、确立自由主义王政等各种期待，难免会与爱国派产生对立。一般来说，西班牙到 1814 年为止的历次战斗被称为“独立战争”，这个名称是 19 世纪中期浪漫主义历史学所赋予的。当时的西班牙人则称之为“（反）拿破仑战争”

或“（反）法国人战争”。对民众来说，这只是对蹂躏日常生活的外来者的抵抗斗争。

## 游击战

各地的抵抗组织逐渐演变为地区评议会、地方评议会以及阿兰胡埃斯地区的中央评议会。但是，在组织化的过程中，随着各种旧阶层的比重增加，对旧制度的改革和民众的动向相去甚远。

1808 年 7 月，法军在拜伦战役中战败，同年 11 月，拿破仑亲自进入西班牙重整军事体制，中央评议会未能发起有效抵抗，逃往塞维利亚。萨拉戈萨和吉罗纳也相继陷落，从 1809 年初到 1811 年末的约 3 年时间里，法国势力在军事上控制了西班牙大半的国土。

但是，要在广大的占领区建立有效的政治统治是非常困难的。在那些将拿破仑斥为“反基督者”“恶魔之子”的低级神职人员的鼓动下，各地民众的愤怒情绪日益高涨。而且与民众抵抗相结合的游击队活动也活跃起来。在表示“战争”的西班牙语“guerra”一词加上缩略词尾，被称为“guerilla”（游击战）的战斗方法，在西班牙独立战争中被广泛开展使用。正规军崩溃后，由溃退士兵、低级神职人员、农民组成的游击队，在重要地段的防守和运输上让法军吃尽了苦头。法军不得不拿出全部兵力的五分之四来对付游击队。

游击队士兵没有受到和正规兵一样的对待，一旦被捕，就会被当作匪徒处死。当然，游击队士兵也进行了激烈的报复，在这场战争中，残虐的行为屡见不鲜。戈雅的版画集《战争的惨祸》对此进行了冷峻而透彻的描绘。

1812 年夏季以后，英军加强了从葡萄牙方向的攻击。相反，远征俄罗斯失败的拿破仑为了对法军进行全局重整，不得不大幅削减驻扎在西班牙的军队。英国、葡萄牙、西班牙的联军在阿拉皮雷斯战役[1]（1812 年 7 月）、维多利亚战役（1813 年 6 月）、圣马西亚尔战役（1813 年 8 月）中屡战屡胜。1813 年 12 月，拿破仑与费尔南多七世签订《瓦朗塞条约》，承认费尔南多为国王，保证战前西班牙领土的完整。1814 年春，法军从余下的加泰罗尼亚占领区撤退。

1　法语：Bataille des Arapiles，英语：Battle of Salamanca，即萨拉曼卡战役。

## ❷ 从加的斯宪法到1837年宪法

### 加的斯宪法与“分属两个半球的西班牙”

进入1810年，在前文所述的法军攻势面前，中央委员会从塞维利亚转移到加的斯，随后解散。当时，各方已决定将在同年9月召开王国议会。在这一背景下，选出了西班牙王国各地（西班牙本土和海外各地区）的议员，但由于法国军队的控制地区和印地亚斯，即西班牙属地的美洲很难派人前往加的斯，所以当时的做法是，从居住在加的斯的相关各地区出身者中选出代理议员。

王国议会选出的议员三分之一是神职人员，五分之一是律师，显然这不是由新兴市民组成的革命议会。但毫无疑问，试图铲除旧体制弊端的自由主义者掌握了控制权。1810年9月召开的议会通过了出版自由、废除拷问、废除领主裁判权等决议。

随后开始进行制宪审议，然而领土和宗教问题给这部西班牙最初的近代宪法蒙上了一层特别的阴影。与巴约讷宪法一样，1812 年 3 月颁布的宪法（加的斯宪法）虽然也允许海外各领地选举地方代表，但没能承认人口远远超出本土的西班牙美洲领地拥有平等的代表权。虽然声明“西班牙国民（共同体）是两个半球所有西班牙人的集合”（第一条），但除了妇女和家仆，黑人奴隶、被认为“血统上来自非洲”的卡斯塔人[1]以及没有皈依天主教信仰的印第安人，都被排除在能够行使政治权利的“市民”之外。结果，与选民人数相对应的议员人数大幅减少，“两半球所有西班牙人”的代表权平等只停留在形式上。这些措施遭到了克里奥尔人等美洲居民的反对，使西属美洲的独立倾向越来越强。

在高倡国民主权和三权分立的加的斯宪法中，最不近代的内容是将“西班牙国民的宗教”限定为天主教，并“禁止信仰其他任何宗教”（第十二条）。虽然一般认为这是当时自由主义者向神职人员的妥协，但也应该看到这是他们继承西班牙固有的“天主教启蒙”思潮的结果。这一时期，虽然批判异端审判不够宽容的声音很大，但主张信教自由的仅限于

1　西班牙对新大陆白人、印第安人、黑人间的不同混血情况，实行的类种姓划分被称为卡斯塔体系，文中指带有黑人血统的混血人。

布兰科·怀特等极少数知识分子。

然而，加的斯宪法虽然具有各种各样的局限性，但毫无疑问，它在很大程度上削弱了旧制度的最大弊端——国王权力的恣意妄为，以及各种身份特权。也因此，这部宪法一直是19世纪西班牙自由主义者的希望之灯，并影响了欧洲和拉丁美洲各国的宪法。

### 专制主义回归与“自由主义的三年”

1814年5月，在欢呼“国王万岁”的民众面前，费尔南多七世推翻了加的斯宪法，他认为这部宪法“模仿了1791年法国宪法带有革命性和民主性的各项原则”，试图让西班牙回到战争前的状态。

但是，农民阶层拒绝缴纳各种领主贡租（包括来自领主权的地租和赋役劳动）和教会什一税的现象在战后仍在持续，经过6年的战争，西班牙经济已经完全凋敝。在拉丁美洲的独立运动更加高涨的情况下，在旧制度的框架下重整经济和财政是不可能的。政府中的国务大臣等五个大臣职位不断更迭，1814—1820年的就职者多达28人。马丁·加莱慎重扩大税基的尝试也因国王宫中亲信的反对而受挫。

合法反对道路被封锁的自由主义者，开始通过阴谋策划推翻政府。与此相呼应，拉斯、波利埃尔等自由主义军官多次发表政变宣言（原意为布告）。1820 年 1 月，雷戈在加的斯发表的政变宣言使各地的赞同者聚集在了一起，3 月，费尔南多七世终于承认并恢复了加的斯宪法。

在这个自由主义改革时期（“自由主义的三年”），加的斯议会将停留在法令制定上的各项政策付诸实施。除废除领主裁判权、限嗣继承制度，还实行了废除异端审问制、承认结社自由、撤废部分修道院、改编行政机构等措施，并组建了全国民兵。

然而，自由主义者却分裂为两派，一派是执掌政权、志在进行较为温和改革的“1812 年宪法派”，另一派则是不满足于此的年青一代“狂热派”。以后者为中心，各地出现了统称为爱国协会的革命俱乐部，展开了对政府的批判。

另外，以恢复君主专制为目标的国王派也开始活跃起来。其中，使徒派（援引圣雅各为名）对政府的攻击最为激烈。在废除各种封建权利的同时，也剥夺了入会权等传统权利，专制主义者得到了苦于因货币征税带来新负担的农民阶层的支持。

拿破仑倒台后建立维也纳反动体制（1815 年）的列强，唯恐西班牙的革命进程加剧并波及邻国，决定进行军事干涉。君主制复辟的法国领受这个意向后，旋即入侵西班牙，

“自由主义的三年”就这样被埋葬了。另外，法军基于1808年的惨痛经验，采取了起用西班牙商人筹措粮食等较为克制的行动。没有受惠于自由主义改革的农村民众几乎没有反对，明显的抵抗仅限于各城市的民兵。

### 西属美洲独立

1808年，拿破仑统治西班牙的消息传开后，美洲各西班牙属地都与本土一样，成立了否认波拿巴王朝的地方议会。然而如前所述，1810年召开的加的斯议会却无法跨越大西洋行使影响。这一年，在拉普拉塔副王领，圣马丁在布宜诺斯艾利斯宣布成立阿根廷共和国。在新格拉纳达副王领，玻利瓦尔在积极开展独立运动。另外在墨西哥，伊达尔戈和莫雷洛斯也成为独立运动的领导者。

1814年，恢复专制主义的费尔南多七世不仅没有寻求与西属美洲达成协议，反而从本国派遣军队，单方面平定了墨西哥和新格拉纳达。但是，在辽阔的南美洲，很难完全依靠军事对各地进行镇压，阿根廷更是几乎无法介入。

在克里奥尔人、梅斯蒂索人以及印第安人的对立中，西属美洲各地的解放运动经历了复杂的过程。1820年至1823年，虽是自由主义革命在西班牙本国取得成功的时期，但脆弱的本国政府没能提出任何解决方案。1824 年，西班牙军队在阿亚库乔战役（秘鲁）中大败，西属美洲宣告独立（此后该地区被称为拉丁美洲），西班牙的海外领土只剩下古巴、波多黎各、菲律宾和关岛等地。

海外领土的丧失给西班牙经济带来了沉重的打击。加泰罗尼亚的棉纺织业和出口农业首先陷入重大危机，1821 年墨西哥独立导致白银进口中断后，与欧洲各国的贸易损失也无法弥补。这些情况加剧了西班牙国内的通货紧缩，以 1812 年的物价指数为 100 的话，到 1820 年便下降到 50，到 1833 年则跌至 35。

## 自由主义国家体制的建立

费尔南多七世从 1823 年 10 月开始再次回归专制主义（“可憎的十年”），他通过军事委员会严厉镇压与自由主义合作的人，并通过净化委员会罢免反体制的国家官员。宗教裁判所的复活虽然被暂缓，但信仰委员会拥有取缔异端言行的权力。

在拉丁美洲实现独立、西班牙国内经济陷入崩溃的情况下，为了稳定体制，国王自身不得不进行“自上而下的改革”。以洛佩斯·巴列斯特罗斯等人为中心，政府进行了渐进式的行政及财政改革。1828 年，他们首次制定了国家预算，并引入了一部分新的租税制度。

拥护传统和特权，希望恢复宗教裁判所的使徒派曾在加泰罗尼亚发动“受害者之乱”，但被国王军队镇压。然而，专制主义者仍然固守旧制度，并寄希望于王弟卡洛斯·马里亚·伊西德罗。

1829 年，费尔南多与第四任妻子玛丽亚·克里斯蒂娜结婚，考虑到有可能生下女儿，费尔南多恢复了波旁王朝成立时废除的女子王位继承权。翌年 10 月，后来成为伊莎贝拉二世的女儿诞生。

为了打消卡洛斯对王位的觊觎，国王夫妇决心拉拢自由主义势力站在自己一边，并决定赦免流亡的自由主义者。1833 年 9 月，费尔南多去世，玛丽亚·克里斯蒂娜摄政，女儿伊莎贝拉即位。但是，卡洛斯却以卡洛斯五世的名义自行宣布即位，西班牙国内爆发了第一次卡洛斯战争（1833—1839 年）。

卡洛斯派以巴斯克、纳瓦拉、加泰罗尼亚和巴伦西亚的山区为其控制区。从政府 1833 年 11 月公布将全国划分为 49 个县的政令开始，中央集权化和立法统一化使享受地方特别法的巴斯克、纳瓦拉的市民阶层，广泛地聚集到维护各种传统特权的卡洛斯支持派上。在倾向于保持传统惯行，教会影响力较强的农村地区，卡洛斯派提出的“神、祖国、国王、裁决之手”的口号也吸引了农民阶层。

在北部地区打下基础的卡洛斯派，于 1835 年将战争扩大到其他地区。但是，马德里政府在得到英法援助的同时，通过释放永久财产的措施增加了国库收入，继而增强兵力，转为攻势。1839 年，双方签订《贝尔加拉协定》，以维持地方特别法为条件，大部分卡洛斯派停止了抵抗。但是，卡洛斯派的残余势力在之后又发动了两次武装起义（1846—1849 年和 1872—1876 年）。

由自由主义温和派组成的政府于 1834 年颁布了《王国组织法》，虽然引入了两院制议会，但上院由国王任命，下院更是实行极端的有限选举，要求高额纳税者才能拥有选举权（选民仅占总人口的 0.15%）。自由主义进步派随即展开行动，要求温和派政府贯彻自由主义政策。1835 年，蒙迪萨瓦尔政府成立，并随后颁布了永久财产释放令（教会财产国有化和出售）等多项近代化措施。

第二年，玛丽亚·克里斯蒂娜在改革上又陷入倒退，这使各地反政府运动再次活跃，最终实现了将政权移交给进步派和恢复加的斯宪法的目标。从 1836 年至次年，在进步派政权的领导下，实现了在法律和制度层面对旧制度的最终废除。其中包括梅斯塔协会、限嗣继承制、教会什一税、领主制度的废除以及营业自由等措施。

1837 年，温和派和进步派在相互妥协下，制定了新的宪法。与加的斯宪法相比，新宪法加强了国王的权限，也就是所谓“国民国家的宪法”。因为在失去拉丁美洲的情况下，仅限于对西班牙的国民（共同体）的规定已经足够了。而根据加的斯宪法允许参加制宪议会的古巴代表，在新宪法生效的同时被逐出了会场，各海外属地的定位也就此变成了“殖民地”。

## ❸ 寡头式的自由主义国家体制

### 温和派政权的建立

虽说加的斯宪法首次引入了普选，但由于是三阶段间接选举，选民的声音难以传达。1837 年的宪法虽然是有限选举，但改为了直接选举，至少选民（人口的 2.2%）可以直接选出代表。此后，温和派和激进派围绕将财产（纳税额）限制放宽到何种程度的问题展开了争论，进而要求取消限制和实行普选的民主派也加入了争论。

虽然加的斯宪法的宗教不宽容原则已经转变为 1837 年宪法所坚持的天主教国教化，但究竟允许其他信仰到什么程度，同样是争论的焦点。关于宗教自由的明确阐述，最早见于 1869 年宪法。然而，关于西班牙国家与宗教的关系直到 20 世纪仍存在疑问。

1837年的宪法虽然得以通过，但并没有建立稳定的君主立宪政体。摄政的玛丽亚·克里斯蒂娜在卡洛斯派的威胁消失后，表现出了保守的姿态，温和派对此表示赞同。埃斯帕特罗将军通过向进步派靠拢登上首相宝座，而玛丽亚·克里斯蒂娜于1840年流亡巴黎。但是，埃斯帕特罗的自由贸易主义和亲英政策损害了加泰罗尼亚棉纺织业的利益，并招致了强烈反对。由于强权政策难以为继，该政府于1843年垮台。

重新掌权的温和派，在1844年采取了设立治安警察等强化国内治安的措施，1845年以“正统理论派自由主义”为基础，通过了大幅加强国王权力的1845年宪法。由此，选民人数再次受到极端限制（仅占人口的0.8%），作为进步派基础的全国民兵也被解散。

温和派政府还改善了与教会长期紧张的关系。1851年，他们与罗马教廷签订《政教协约》，再次重申了天主教国教化政策。虽然根据已经实施的永久财产释放令，教会财产的出售获得政府承认，但是教会的维持费和神职人员的工资改由国家负担。此外，1857年的《公共教育法》保证了教会对初等教育的管理。至此，保守国家体制与天主教会之间的同盟得以建立。

## “进步派的两年”

进入19世纪50年代，政府中的腐败现象日益明显。围绕《铁道法》的制定和铺设利权的贪污举报层出不穷，政局陷入一片混乱。1853年，萨尔托留斯的内阁试图通过修改1845年宪法来进一步强化政府的权力，这促使进步派和相当一部分的温和派开始进行反政府行动。而女王伊莎贝拉二世将政权交给了已步入老年的进步派军人埃斯帕特罗，令其收拾残局。

从1854年到1856年被称为“进步派的两年”，进步派多年来的主张被付诸实施，1837年宪法也被暂时恢复。1856年的宪法草案虽然没能公布，但包含了宣扬君主立宪制、重新设立全国民兵、地方自治体首长直选等内容，以及以不举行“违反天主教的公共祭典”为条件的宗教自由。

最大的自由主义政策是财政大臣马多斯推行的永久财产释放。根据《永久所有财产普通法》(1855年)规定，除尚未出售的教会土地外，连各自治体所有的土地也被列为国有化或出售的对象。出售地方自治政府的土地(释放世俗永久所有财产)，起初让零工雇农产生了获得土地的期待，但由于采取了不进行土地细分化的拍卖方式，使得最后的土地获得者仅限于原来的地主和新兴市民。总的来说，进步派的这两年既没有改善民众的生活，也没有考虑民众的要求。

这一时期，作为新的政治势力，诞生了要求普选的民主派，而刚刚产生的工人运动也与之步调一致。1855 年 7 月，在巴塞罗那举行了第一次总罢工，南部农村地区则掀起了激烈的反对出售地方政府土地的抗议运动。

面对陆军大臣奥唐内尔严厉处理城乡骚乱的要求，埃斯帕特罗辞职，伊莎贝拉二世遂命令奥唐内尔组阁。奥唐内尔任内镇压了抵抗运动，恢复了 1845 年宪法，并解散了全国民兵。

### 温和派的危机

为了使政治恢复到 1854 年的状态，伊莎贝拉二世委任更为保守的纳尔瓦埃斯等温和派政府执政，但都以短命告终。随后，奥唐内尔领导了将温和派左派和进步派右派联合起来的自由主义联盟，于 1858 年再次执政，并实现了直到 1863 年的长期执政。

这种长期的稳定，一方面得益于以铁道建设热潮为代表的国内经济发展，另一方面也得益于对外战争将国民的注意力转移到了国外。

其中，出兵摩洛哥引发了西班牙国民的狂热。西班牙为

图 7-3　非洲战争中的一幕“得土安之战”（1860 年 2 月 4 日，19 世纪版画，浪漫主义博物馆）

了维持在北非沿岸的霸权，控制着休达（1415 年被葡萄牙占领，1580 年成为西班牙领土）、梅利利亚（1497 年占领）和数个岩岛作为航路要冲（顺便说一下，这些地方现在也是属于西班牙的“非洲飞地”）。在当地的柏柏尔人攻击了休达的设施后，奥唐内尔内阁决定向摩洛哥大规模派兵。在这场被夸大其词地打着“非洲战争”旗号的战争中，西班牙只是成功地扩大了休达的范围，以及吞并了摩洛哥南部的伊夫尼。但阿拉尔孔在《非洲战争证言日记》（1859 年）中所描写的军人英勇事迹，着实令当时的人们兴奋不已。

在追求“声望”的对外政策失去魅力的情况下，温和派试图卷土重来，1863 年到 1868 年虽然主要是温和派政权，却日益倾向使用强权手段。但是，随着铁道投资没有产生收益的事实暴露，金融危机爆发了。美国南北战争又导致原棉进口中断，使棉纺织业陷入严重危机，经济再次恶化。更为严重的是，1866 年至 1868 年的歉收和粮食危机使民众的不满情绪高涨到了顶点。在这种情况下，进步派和民主派于 1866 年在比利时的奥斯滕德达成协议，决定推翻伊莎贝拉二世，打倒君主制。1867 年，奥唐内尔去世后，塞拉诺将军领导的自由主义联盟也加入了这场斗争。

### 永久财产的释放与工业化的进展

根据 1836 年蒙迪萨瓦尔和 1855 年马多斯等人的政策，可以推算出从 1836 年到 1900 年，至少约占国土面积七分之一的教会和自治体土地成为释放永久财产的对象。如前所述，土地出售并非如左派自由主义者所提倡的分给小农，而是从国家财政的角度出发，以拍卖的方式进行，这使得原来的地主、新兴市民和富裕农民成为买方。在安达卢西亚，大庄园制进一步扩大。

但是，土地市场的扩大对农业产生了刺激，随着 19 世纪人口的增加（从 1797 年的 1150 万人到 1900 年的 1860 万人），农业生产也随之扩大。以 1800 年的小麦产量为 100，1830 年为 117，1860 年则达到了 157。

随着行会的废除和营业自由的实现，近代工业也得到了发展。在出产煤炭和铁矿石的北部，由于引进了近代高炉，冶铁业得到发展。在纺织业繁荣的加泰罗尼亚，由于引进了英国制造的机器，棉纺织业的生产得到飞跃性的提升，并带动了整个纺织工业的繁荣。1856 年，西班牙的纺织工业在该地区所占的比重达到三分之二。但由于普遍为小规模经营，缺乏国际竞争力。因此加泰罗尼亚地区虽然号称“西班牙工厂”，但不得不向中央政府要求贸易保护政策。

到 1866 年，西班牙的铁路总长达到了约 5000 公里。为了筹措资金，铁路建设热潮促进了银行制度的近代化，但对国内产业起到的后向关联效应较小。因为无论是资金方面还是铁路资材的调配方面，都严重依赖于其他国家。从 19 世纪中叶开始，虽然铅、铜、铁等矿产的开采不断得到推进，但矿业权被转让给外国企业。欧洲资本主义是将西班牙经济置于从属地位而获得进一步发展的。

## 民族意识的形成与国民史学

1835 年，政治家兼作家阿尔卡拉·加利亚诺指出，自由主义国家的课题是“使西班牙国民成为一个民族。现在不是这样，以前也不是这样”。但长期实行“复合君主政体”的西班牙，国民意识的形成极为困难。

与其他欧洲国家一样，西班牙虽然也曾计划完善学校教育和军队等国家机器的整备，但都没有实现国民化的目标。1857 年，政府以时任大臣的名字制定了《莫亚诺公共教育法》，但由于缺乏财政支持，学校教育未能得到推广，直到 1900 年，就学儿童也不过四成。虽然教育语言仅限于西班牙语（卡斯蒂利亚语），但在拥有当地固有语言的加泰罗尼亚、巴斯克、加利西亚地区，出于对强加国家官方语言的反对，引发了恢复固有语言权的运动，并发展为地方民族主义（参见第 8 讲）。

在军队方面，虽然 1837 年建立了征兵制度（金塔斯制，西班牙语：quintas。每个地区抽签征募一定数量的兵员），但富人可以通过支付免除金或委托代理人免除兵役。6 年至 8 年的兵役负担被称为“贫民的血税”，成为民众怨恨的目标。

此外，作为民族团结的手段，西班牙坚持与天主教同盟，虽然有助于对以农村地区为中心的传统西班牙社会的统合，但也激发了反教权主义，这种反教权主义又与反对国家联系在一起。西班牙的政教分离和世俗化问题一直延续到

20 世纪后期。

我们再将目光转向历史学，在进入 19 世纪之前，几乎没有超越复合君主政体下的各国历史的、整体性的西班牙史叙述，这是中世纪形成的各地区独立色彩仍旧浓厚的佐证。但是，经过西班牙独立战争和加的斯议会的种种变动，至少在精英阶层中已经产生了西班牙民族意识，这是显而易见的。

划时代的作品是 M. 拉弗恩特的《西班牙全史》（全 30 卷，1850—1867 年），作者特别受到法国基佐历史叙述的影响，将抵抗侵略的独立精神作为贯穿西班牙历史的支柱，对原住民对罗马帝国统治的抵抗，中世纪收复失地运动的“收复国土”，反拿破仑的“独立战争”进行了大力讴歌。此外，拉弗恩特也是皇家历史学院的正式会员，该学院的同袍后来又取得了种种实证主义成果，他们继承了拉弗恩特的工作，发展了将西班牙国民作为一个整体民族颂扬的“国民史学”。

然而，在汲取了这种传统国民史学思想后，以天主教信仰为国家精髓的反自由主义历史学也在不久后由梅嫩德斯·伊·佩拉约等人提出（参见第 8 讲），并为 20 世纪佛朗哥体制时期的“国家天主教主义”所继承。

值得注意的是，在这一时期，在加泰罗尼亚、巴斯克和加利西亚出现了宣扬地区固有历史而非西班牙整体历史的历史研究，为地方民族主义提供了论据。特别是在加泰罗尼亚，V. 巴拉格尔和 A. 布赫鲁伊等活跃分子为与西班牙国民史学相抗衡的“加泰罗尼亚国民史学”制造了土壤，最终的结晶为索尔达比拉的《加泰罗尼亚史》（全 3 卷，1934—1935 年）。

## ❹ 第一共和国的诞生与崩溃

### 1868 年 9 月革命

1868 年 9 月，进步派的普里姆将军发表政变宣言，各地成立了革命委员会。政府军在阿尔科雷亚战败后，伊莎贝拉二世流亡法国。于是，九月革命[1]成功，西班牙开启了“革命的六年”。

由自由主义联合、进步派和民主派组成的“九月联合”临时政府于次年 6 月颁布新宪法，承认基于国民主权的君主立宪制、男性普选、两院制议会、个人的各项权利等，并在将天主教定为国教的同时保障宗教信仰自由。西班牙的 1869 年宪法即使在同时代的欧洲，也是非常先进的民主

1　国内过去也参照英国光荣革命，称之为“西班牙光荣革命”。

宪法。

但是，由于牵涉与欧洲各国的利害关系，新国王的选出举步维艰。没有卷入法国与普鲁士的利益冲突，而且与波旁家族的亲缘关系不强的候选人是有限的。虽然很不容易才选出意大利萨伏伊家族的阿玛迪奥于1870年末抵达西班牙，但在此之前，本应成为其代理人的普里姆却被暗杀身亡。由于缺乏政治后楣，阿玛迪奥一世在西班牙国内政治和社会矛盾加深的情况下，于1873年2月放弃王位并退位。

民主立宪政治之所以难以推行，一是因为过去被排除在政治之外的城市和农村民众纷纷展开运动，提出完全废除消费税、征兵制，实施失业保障、提高工资和分割土地等要求。二是因为否定君主制本身的共和派以城市为中心开展了激烈的社会运动。西班牙共和派具有强烈的联邦主义倾向，但其中也包含了地区主义的因素，特别是在加泰罗尼亚得到了广泛支持。其中也出现了激进化的团体，他们赞同第一国际的理念。三是希望在伊莎贝拉二世之子阿方索统治下复辟波旁王朝的温和派与民主议会政治保持距离，反对宗教信仰自由的教会也转而支持阿方索。

进一步导致政治不稳定的因素是，古巴殖民地发起了脱离西班牙的独立战争，即所谓“十年战争”（1868—1878年），以及专制主义者在西班牙北部再次发动的“卡洛斯战争”

（第三次，1872—1876 年）。

## 第一共和国的成立与崩溃

由于国王不在，参众两院召开联合议会，于 1873 年 2 月 11 日以 258 票赞成、32 票反对的巨大差距宣布成立共和国，联邦共和派的菲格拉斯就任首任总统。在 5 月举行的制宪议会选举中，联邦共和派虽然取得压倒性胜利，但弃权率超过六成。当时，反政府势力已经放弃了议会政治。

6 月 8 日召开的制宪议会宣布西班牙为“联邦共和政体”，皮·伊·马加尔当选总统。由于制定新宪法迫在眉睫，7 月 17 日便向议会提交了草案，但因总统于翌日辞职，宪法审议被迫中断。此时，地方自治主义（在各地建立独立自治区，并以这些自治区的相互契约为基础建立西班牙联邦的运动）在地中海周边的市镇和乡村广泛蔓延，为了镇压其中的激进分子，政府需要军队的协助。而保守派更是把自下而上建立联邦国家的动向认为是巴黎公社（1871 年）的再现，对此保持高度警惕。

此后，虽然萨尔梅隆和卡斯特拉尔先后当选总统，但他们都无法避免对军队的依赖和中央集权化。小行政区主义运动虽然得到了控制，但对政府的反对情绪也高涨起来。1874

年 1 月，卡斯特拉尔在议会上受到不信任弹劾而辞职。随后，警惕政府再次左倾化的帕维亚将军发动政变，关闭了议会，第一共和国事实上就此崩溃。

之后，激进派的塞拉诺将军就任总统，宣布恢复 1869 年的体制。1874 年 12 月，马丁内斯・坎波斯将军发动政变，宣布恢复君主制及阿方索（十二世）复辟。在卡诺瓦斯・德尔・卡斯蒂略的策划下，阿方索在桑德赫斯特（英国）发表声明，发誓要把西班牙恢复为维护社会秩序的保守的天主教君主国家。

图 7-4　帕维亚将军发动政变（1874 年 1 月 3 日）。国会被占领，第一共和国垮台

## “革命的六年”的遗产

1873 年的宪法草案在经历了 19 世纪后期到 20 世纪的混乱之后，包含了在不少现行宪法（1978 年）中实现的要素。其中包括古巴和波多黎各两个殖民地在内的 17 个联邦州得到了承认，并规定西班牙成为一个摒弃中央集权的联邦制国家；承认基本人权是凌驾于所有法律之上的“自然权利”；此外还明确规定了国家和宗教分离的原则。

此时，地方语言和文化复权运动已开始在加泰罗尼亚蔓延。但由于共和政体的崩溃，西班牙实行联邦主义的可能性被切断，阿尔米拉尔等人与皮·伊·马加尔分道扬镳，导致加泰罗尼亚主义走向了前台。

另外，虽然第一国际和西班牙地区联盟于 1871 年在议会中被非法化，但部分受无政府主义影响的政治运动，融入了拒绝妥协的联邦主义和地方自治主义起义中。虽然各地的起义都被镇压，但像社会主义者 F. 加里多所指出的正本清源的主张也被掩盖。这样一来，以地方民族主义和反资本主义为特征的新的政治结社和劳动组织，便在君主制复辟的过程中再次复苏，并呈现出新的发展态势。

第 8 讲

# 从君主制复辟到西班牙内战

## 19 世纪 70 年代—20 世纪 30 年代

西班牙内战时期，遭轰炸后的格尔尼卡镇（1937 年）

## 大事年表

| | |
|---|---|
| 1875年 | 阿方索十二世进入马德里 |
| 1876年 | 1876年宪法公布 |
| 1879年 | 工人社会党（PSOE）成立 |
| 1885年 | 阿方索十二世去世，玛丽亚·克里斯蒂娜王后摄政 |
| 1886年 | 阿方索十三世一出生就即位<br>奴隶制废除 |
| 1888年 | 劳动者总联盟（UGT）成立 |
| 1890年 | 男性普选制 |
| 1895年 | 巴斯克民族主义党（PNV）创建 |
| 1897年 | 卡诺瓦斯被无政府主义者暗杀 |
| 1898年 | 美西战争战败，《巴黎和约》签订 |
| 1901年 | 加泰罗尼亚地方主义联盟成立 |
| 1909年 | “悲剧的一周” |
| 1910年 | 全国劳工联盟（CNT）成立 |
| 1914年 | 加泰罗尼亚四省联合体成立 |
| 1917年 | 军队防卫委员会设置<br>UGT总罢工，政府实施戒严令 |
| 1918年 | 在安达卢西亚的“布尔什维克的三年”（—1920年） |
| 1921年 | 在摩洛哥阿努瓦勒遭遇军事失败<br>西班牙共产党（PCE）成立 |

续表

| | |
|---|---|
| 1923 年 | 里维拉独裁（—1930 年） |
| 1931 年 | 市镇议会选举，以大城市为中心的共和派获胜<br>阿方索十三世流亡<br>第二共和国成立，1931 年宪法公布 |
| 1932 年 | 《加泰罗尼亚自治宪章》通过 |
| 1933 年 | 右派的西班牙独立右翼联盟（CEDA）和激进共和党在大选中获胜 |
| 1934 年 | “十月革命”爆发 |
| 1936 年 | 人民阵线在大选中获胜<br>西班牙内战（—1939 年）爆发 |
| 1937 年 | 德国空军轰炸格尔尼卡 |
| 1938 年 | 佛朗哥公布《劳动宪章》 |
| 1939 年 | 佛朗哥发表《内战结束宣言》 |

## ❶ 君主制复辟的政体建立与动摇

### 两大政党间的政权交替

1875 年 1 月，从英国回到西班牙的阿方索十二世将君主制复辟后的政体构建任务交给了卡诺瓦斯。他的目标是将西班牙从否认传统君主制和政教分离所带来的混乱中拯救出来，这一理念浓缩在 1876 年宪法中。

这部宪法折中了 1845 年宪法和 1869 年宪法的基本要素。一方面，强调国王的不可侵犯性，赋予了国王包括宪法废止权在内的较大权力；另一方面，规定议会（两院制）与国王共同拥有国家主权，众议院议员通过选举选出。最初实行有限选举制，1890 年改为男性普通选举制。此外，这部宪法还进一步确定了言论、集会、结社等权利，并在重申 1851 年《政教协约》有效性的同时，以禁止公共宗教活动为条件，保障了天主教以外的宗教自由。

卡诺瓦斯创立了保守党，作为支持君主制复古政体的政党。而信奉自由主义的势力为了对抗以维持公共秩序为优先的保守党，在萨加斯塔的领导下成立了自由党。卡诺瓦斯所构想并得到萨加斯塔附和的，是一个仿效英国的稳健的君主立宪政体。为此，必须树立保守党和自由党在议会中占压倒性多数的两党制。虽然在1876年结束了第三次卡洛斯战争，但反自由主义、拥护传统和天主教信仰的传统主义分子仍在保守民众中具有很大的影响力。另外，在“革命的六年”中遭受挫折、分裂的共和主义者也逐渐恢复了势力。而且，如后文所述，地方民族主义也开始抬头。

因此，保守党和自由党磨合出一套机制，通过合议的方式进行政权交替，再由上台的新政府进行大选，确保在议会中拥有绝对多数席位。这一切都是利用被称为“卡西克制”的地方权贵势力控制投票方向和大规模歪曲选举结果来达成的。这种以“卡西克制”为支撑的两党制一直稳定地维持到20世纪前十年，除了上述的男性普选，奴隶制的最终废除（1886年）、结社法（1887年）、妇女劳动限制法（1900年）等，都为西班牙的社会改革和近代化作出了一定的贡献。总的来说，王朝复辟时期的政党政治一直被人们给予负面评价，但稳定的议会政治所带来的成果也是值得关注的。但是，“卡西克制”的横行，封锁了反体制派获得足够议席的道路，加剧了民众对选举制度本身的不信任，君主制复辟时期的投票率低于 20%。

到了 19 世纪末，加泰罗尼亚的纺织工业获得了蓬勃发展，同时，由于贝塞麦转炉等技术的引进，巴斯克也成为冶铁业中心。再加上金属加工业、机械制造业和造船业的增长，巴塞罗那之外，马德里、巴斯克、阿斯图里亚斯等地都已确立成为工业地区。1879 年，工人社会党（PSOE）成立，1888 年，以该政党为母体又成立了劳动者总联盟（UGT），但其影响力仅限于马德里和西班牙北部地区。相反，在巴塞罗那和拥有大量日工工人的安达卢西亚，则渗透着拒绝政党政治的无政府主义。这其中大致可分为倾向暴力行动的团体（1897 年暗杀卡诺瓦斯首相）和无政府工团主义者。后者于 1910 年集结成全国劳工联盟（CNT），对西班牙内战之前的工人运动产生了巨大影响。

### 1898 年的败北

在殖民地政策方面，虽然 1878 年签订的《桑洪和约》结束了“十年战争”，但西班牙政府并没有迅速回应古巴统治阶层的自治要求。而且到 19 世纪末，古巴经济对美国的依赖度明显增强。1894 年，古巴产的砂糖有九成被销往美国。

19 世纪 90 年代中期，古巴独立派的叛乱频繁发生，西班牙虽然持续派兵镇压，但其财政负担已难以支撑。虽然美国曾向西班牙提议购买古巴岛，但轻易放弃象征“西班牙帝国”最后堡垒的古巴，对一个惧怕以威信为重的军队动向的政府来说，是无论如何做不到的。

1898 年 2 月，以哈瓦那港发生的美国军舰“缅因”号爆炸事件为契机，美国向西班牙宣战（美西战争）。美国舰队接连击败西班牙舰队，西班牙军队惨败。在同年 12 月签订的《巴黎和约》中，古巴独立，波多黎各、菲律宾、关岛均割让给美国。昔日的“西班牙帝国”已名存实亡。

但是，这样的结果并没有给西班牙本土经济带来严重的危机。因为两党制带来了政治稳定，战争失败反而导致殖民地资本回流，对本国经济进行了巨额投资。

但知识分子却认为这是一场“灾难”。乌纳穆诺、巴列·因克兰等以“九八年一代”而闻名的文学家和思想家，对西班牙的落后状况进行了悲观性的观察。另外，社会上出现了对西班牙政治再生和近代化的呼吁，并发展为“再生主义”运动。其中，J. 科斯塔对“卡西克制”进行了强烈批判，期待“铁的外科医生”来进行改革。但是，这不仅为要求打破“卡西克制”和政治革新的社会运动提供了依据，也为否定政党政治本身的政治运动，特别是为军队介入政治提供了依据。

### “Hispanidad”（西班牙世界）的创建

19 世纪初独立的拉丁美洲各国，对过去的宗主国西班牙来说，存在感已非常微弱。1892 年的“发现美洲 400 周年”纪念活动，在西班牙国民中几乎没有引起任何反响。然而，随着西班牙在美西战争中的失败，美利坚合众国的扩张主义对拉丁美洲的威胁已经成为现实。其结果是，出现了追求与盎格鲁 - 撒克逊相对的，与西班牙在文化和精神上相联结的“西语民族”思潮。

需要注意的是，此处的“民族”并非种族概念，而是一个语言和文化共同体的概念。20 世纪前 10 年，西班牙和拉丁美洲各国兴起了将 10 月 12 日（哥伦布抵达美洲之日）作为“民族日”进行纪念庆祝的活动。1918 年，西班牙国会通过了将这一天定为“国庆日”的法案。

另外，为了避免与作为种族概念的“民族”相混淆，思想家乌纳穆诺提出了一个新的术语“Hispanidad”（对应西班牙语 Hispanity，西班牙裔的），即“西班牙世界”，用来表示西班牙—拉丁美洲的语言—文化共同体（基于语言相联系的 Hispano-America 共同体）。这一提议得到了广泛接受。

但是，从 20 世纪 20 年代开始，比斯卡拉等保守思想家所倡导的“西班牙世界”，把“绝对信奉基督教的人”，即天主教信仰作为共同体的决定性因素。接着，马埃兹托又撰写了《西班牙世界的维护》（1934 年），谴责了后文将要提到的第二共和政体下的政教分离政策。此后对这一从比斯卡拉到马埃兹托的思想源流加以继承的，便是佛朗哥体制的“国家天主教主义”。

1958 年，“民族日”更名为“西班牙世界日”，在后佛朗哥时期的 1981 年，“西班牙世界日”又被定为国庆日，并一直延续至今。

## 地方民族主义的发展

在整个 19 世纪，随着西班牙语（卡斯蒂利亚语）在司法、行政、学校教育等方面的使用成为一种义务，拥护本地固有语言和文化的运动也在蓬勃发展。虽然没有拒绝使用国家官方语言，但这种以恢复本土固有语言为主要目标的地方民族主义，在加泰罗尼亚称为“Renaixença”，在加利西亚称为“Rexurdimento”的文化复兴运动基础上不断扩大。

特别是在加泰罗尼亚，对联邦共和主义感到失望的V.阿尔米拉尔等人，发起了以主张政治权利即争取自治权为焦点的社会运动。反对阿尔米拉尔的进步主义倾向，但同样以争取自治权为目标的保守势力于1891年组成了加泰罗尼亚主义联盟，并在《曼雷萨纲领》（1892年）中，提出将加泰罗尼亚语作为地区内的通用语言，1933年又引入省制，主张被划分为四区的地区（原来的加泰罗尼亚公国地区）作为整体获得自治权。这种受到工商业资产阶级支持的地方民族主义，与1901年成立的“联盟”（加泰罗尼亚地方主义联盟，简称“联盟”）结合在一起，在普拉特·德·拉·里巴、坎波等人的领导下，联盟集聚了对两党制幻灭了的各阶层的支持，已经实质上掌握地区政治的主导权。然而在1909年，以反对摩洛哥战争而爆发的总罢工为契机，在巴塞罗那发生了被称为“悲剧的一周”的暴动，军队被派驻镇压。这次暴动表明了民众对与政治体制勾结的天主教会的反对，即反教权主义，市内共有40多座修道院、教堂遭到焚毁。对这样的社会骚乱感到恐惧的联盟，从此开始走向右倾化。

不过在加利西亚，虽然加利西亚语和文化传统在农村居民中根深蒂固，但是在这个工业化和都市形成较晚的地区，从少数知识分子的运动发展到大众广泛参与的政治运动需要一定的时间。其地方民族主义的发展须待到君主制复辟的末期。

在巴斯克地区，阿拉纳于1895年创立了巴斯克民族主义党，在提出地方特权、拥护宗教等传统口号的同时，还提出了在坚持作为本土语言的巴斯克语的基础上维护“巴斯克人种”的民族主义主张。其背景可以说来自对19世纪末快速工业化和其他地区劳动者大量迁入的反弹。阿拉纳死后，要求自治而非独立的温和派的影响逐渐扩大。

虽然很少有人支持拉蒙·诺塞达尔等人组成的极端保守的天主教完全主义[1]政党（1906年），但由于对地方民族主义的反对，加上对工人运动的开展和社会世俗化的走向怀有危机意识，西班牙的传统保守阶层对该党主张的西班牙的伟大在于“信仰天主教的国家民族主义”产生了共鸣。其中，梅嫩德斯·伊·佩拉约的《西班牙异端史》（共3卷，1880—1882年）成为这种意识的思想和历史论据。佩拉约认为，西班牙国家的神髓在于“传道福音的西班牙”。由此，将天主教国民和西班牙帝国的伟大一体化的意识，与标榜政

1 也称整体主义，西班牙语：Integralismo，19世纪兴起的天主教保守思潮，认为现代历史和哲学的批判攻击，将危及整个天主教神学体系，因此应固守传统教义，反对现代变革。

教分离和宗教自由的“国家天主教”运动形成了针锋相对的对立局面。

## 枪击的时代

1914 年第一次世界大战爆发后，西班牙不愿卷入交战各国中的任何一方，保持了中立。但国内舆论出现分歧，包括国王阿方索十三世（1902 年开始亲政）在内的保守阶层中支持同盟国的占多数，共和主义者中支持协约国的占多数，而工人团体则主张不参战。得益于战争需求，西班牙经济虽然得到了大幅增长，但由于通货膨胀和生活物资不足，民众的生活水平却出现了下降。

1917 年，劳动者总联盟发起总罢工，政府停止宪法并发布戒严令予以镇压。大战结束、经济状况恶化的 1919 年，全国劳工联盟也在加泰罗尼亚组织了总罢工，巴塞罗那的城市生活一度陷入瘫痪，但没有持续多久。

同样在 1917 年，军官们组成了“军队防卫委员会”，要求改善待遇，这对政权产生了根本动摇。此外，虽然反对停止宪法的国会议员在巴塞罗那召开了议员会议，但政府置若罔闻，使得基于两大政党统治的议会政治的向心力迅速下降，要求权威主义统治的呼声高涨。

在此之后，劳资纠纷更加尖锐，由于无政府主义者诉诸暴力直接行动，企业家纷纷组织雇主联盟，雇用杀手进行对抗。从1917年到1923年，惨烈的复仇行动在巴塞罗那反复上演，造成超过2000人死亡，被称为“枪击时代”，其中包括了暗杀首相达托、工会领导人塞吉、劳动法律师拉莱等事件。

在安达卢西亚，这段时期被称为“布尔什维克的三年”。由于受到俄国革命的刺激，在无政府主义者的煽动下，零工雇农展开了要求分配土地的激烈运动。在这种情况下，两大政党各自发生了党派分裂，1918年至1923年组阁的12个政府全部以短命告终，并且从1919年至1922年一直处于宪法停止的紧急状态。

摩洛哥问题使局势更加混乱。19世纪末，西班牙趁着欧洲列强进入非洲，将现在摩洛哥和毛里塔尼亚之间的地区划为西属撒哈拉，同时以休达和马里拉为据点，扩大在摩洛哥北部里夫地区的权益。1912年，西班牙与法国签订分割条约，将摩洛哥余下的大部分地区划为法国保护领，将里夫地区划为西班牙保护领。但是，由于在矿山开发方面引起了当地柏柏尔人的强烈反对，西班牙多次从本国派兵镇压当地人的叛乱，先后进行了第一次里夫战争（1893—1894年）、第二次里夫战争（1909—1910年）、第三次里夫战争（1920—

1927 年）。

1921 年 7 月，由于战略上的失误，西班牙军队在阿努瓦勒大败于阿卜杜勒·克里姆率领的柏柏尔人部队，造成了 1 万多人伤亡。这一事件引起了社会舆论沸腾，强烈要求对这次军事失败追责。国会为此成立了调查委员会，制作了《毕加索调查书》，对支持摩洛哥军事活动的国王阿方索十三世的批评也日益高涨。1923 年 9 月 13 日，也就是原定对这份报告进行国会讨论的几天前，加泰罗尼亚方面军司令官普里莫·德·里维拉发动政变。国王对此表示认可，并允许普里莫军政府的建立。

## ❷ 普里莫·德·里维拉的独裁统治

### 对独裁体制的欢迎与反对

在对腐败的政党政治感到失望的知识分子中，也有人期待普里莫作为“铁的外科医生”实施向旧弊大胆开刀的改革。哲学家奥尔特加·伊·加塞特就是其中之一，他在当时对事态持肯定态度，认为“军人执政所要完成的工作，主要是终结旧的政治”。在“枪击事件”持续不断的社会不安中，集结在“地方主义联盟”中的加泰罗尼亚保守阶层也期待着普里莫能够恢复秩序。军政府毅然于1925年9月发动了胡塞马湾登陆战，并使用毒气反击了柏柏尔人部队的抵抗。平息摩洛哥问题，使军人执政受到了广泛欢迎。同年12月，普里莫以谋求独裁体制长期化为目标，将统治形态改换为文职政府。

普里莫独裁体制不仅通过解散两大政党打击了“卡西克制”，还以动摇国家一体性为由，镇压了全国劳工联盟组织的工人运动和持加泰罗尼亚主义的激进团体。然而，对于普里莫政府消除加泰罗尼亚语言和文化的企图，包括乌纳穆诺和奥尔特加·伊·加塞特在内的 115 名知识分子于 1924 年 3 月发出“声明”，要求修改文化政策。但是，独裁政权对此充耳不闻，1925 年废除了加泰罗尼亚四省联合体（1914 年获政府承认），并采取了禁止官方使用加泰罗尼亚语和民族舞蹈萨尔达纳等行政措施。对强压姿态感到失望的知识分子开始寻求与各共和主义政党联合，于 1926 年 2 月 11 日（第一共和国成立之日）组成了“共和同盟”。

## 法团主义国家的尝试与挫折

1924 年，普里莫以 1922 年开始掌权的意大利国家法西斯党为原型，创建了爱国同盟（UP），作为支撑独裁统治的新基础，但未能将其培养成稳固的政党。在向文职政府过渡后，为基于社会和政治上的法团主义[1]（协同体主义）对国家机构进行改编，于 1927 年设立了国民咨询会议。其成员由

1　英语：corporatism，也称“统合主义”或“阶级合作主义”。

职能团体的代表、行政机关的官员以及各种经济、文化团体的代表组成，普选原则遭到否定。该会议于 1929 年 7 月制定了带有法团主义原则的国家基本法草案，但在爱国同盟的势力已经分裂，政治和经济危机加剧的情况下，已不可能将其提交全民公决。

尽管政治体制的构建并不完善，但普里莫独裁体制能够坚持到 1929 年末，在很大程度上得益于 20 年代的国际经济繁荣。他一方面用强权压制激进工人运动，另一方面努力将温和的社会主义者纳入体制，社会主义者拉尔戈·卡瓦列罗便曾一度协助政府。而且，独裁政府重视工业发展，实行了基于国家干预主义的保护主义经济政策。在推进道路、铁路、地铁等大型公共事业的同时，让 CAMPSA（西班牙语：Compañía Arrendataria del Monopolio de Petróleos，石油专卖公司）等国营企业进行垄断经营。1929 年，西班牙在塞维利亚举办了伊比利亚美洲博览会，并于同年在巴塞罗那举办了国际博览会，向世界夸示了西班牙现代化建设的成果。

但是，这些政策使得支出大幅增加，为此政府发行了大量国债，与 1924 年相比，1929 年的国债增加了 7 倍。同年，独裁之下的财政赤字和高强度通货膨胀导致了货币危机的发生，财政崩溃的迹象日益明显。虽然经济界提出了货币贬值的要求，但普里莫政府将比索的信用与独裁的威信联系在一起，继续采取了不合理的金融、财政政策，导致原本与之合作的经济界开始背离普里莫政府。另外，由于在独裁时期推行的是重视国家经济的经济民族主义，1929 年 10 月发生的全球经济危机对西班牙经济的影响相对较轻，与独裁体制的崩溃关联并不大。

### 君主制的崩溃

普里莫没能解决军队内部的非洲派（活跃于摩洛哥殖民地）与本土派（前述 1917 年成立的防卫委员会）之间的矛盾，晋升制度的改变也激起了炮兵队和工兵队的不满。随着罢工再次激化，反建制派的活动更加活跃，但普里莫已经得不到军方的支持，遂于 1930 年 1 月辞职。

阿方索十三世命令贝伦格尔将军组阁，并恢复 1876 年宪法，试图将政治恢复到普里莫政变之前的状态，但这种“软性独裁”并没有让反体制人士满意。对支持普里莫独裁长达 7 年的国王来说，此时事态的解决已经是不可能的了。集结在共和同盟中的共和主义势力虽然在 1929 年发生了分裂，但在 1930 年 8 月，共和主义者、左派加泰罗尼亚主义者、社会主义者等签订了《圣塞巴斯蒂安协定》，成功实现团结一致，成立了革命委员会。

1931年2月，奥尔特加·伊·加塞特等知识分子发表了成立“共和国服务团”的宣言。同年4月12日，取代贝伦格尔担任首相的阿斯纳尔提督（海军上将），举行了市镇议会选举，这实际上是对君主制存续与否的国民投票。虽然支持君主制的一派在农村取得了胜利，但共和派候选人在大部分城市取得了胜利。

在以马德里和巴塞罗那为中心的大城市里，欢欣雀跃的民众占领街头，要求建立共和政体。国王阿方索十三世决定退位，承认“国民才是决定西班牙命运的唯一主人”，并离开了西班牙。

# ❸ 第二共和国

## 第二共和国的诞生

1931 年 4 月 14 日，在各地纷纷发表共和宣言的情况下，马德里的革命委员会组织了以阿尔卡拉 - 萨莫拉为首的第二共和国临时政府。临时政府集结了从中间派到左派的广泛势力，旨在制定新宪法和进行全面改革。同一天，在巴塞罗那获得加泰罗尼亚政治主导权的加泰罗尼亚左翼共和派（ERC）主席马西亚宣布成立“伊比利亚联邦中的加泰罗尼亚共和国”，但在与临时政府进行协商后，双方就废除四省区划和设加泰罗尼亚自治政府达成妥协，并制定了《自治宪章》。然而，临时政府需要马上面对城市民众的反教权主义暴动。此时，全国已有 100 多座修道院等宗教设施遭到焚毁，政府的消极应对招致了右派和保守派的反感。

同年6月举行了制宪议会选举，共和主义者和社会主义者占据了过半数的席位。第二共和国被称为“知识分子的共和国”，阿萨尼亚、费尔南多·德·罗斯·里奥斯等当时具有代表性的学者、文化人成为政府要人，并在一定程度上照顾了右派和保守派势力，它不是一个推倒重来的全新国家，其“自上而下的政策”服务于实现西班牙现代化和世俗化的理念。然而理念先行的共和主义狂热，必然会遭到传统天主

图8-1　第二共和国宣传画（1931年发行的海报）。“拉·妮娜·波尼塔”（可爱的姑娘）拿着共和国国旗（三色旗）和天平（正义的象征）

教民众的反对。

同年 12 月，国会通过的新宪法具有非常民主和进步的性质，西班牙被定义为“所有阶层劳动者的共和国”，强调了人民的意志。政府引进了一院制议会、男女普选、责任内阁制等制度，并考虑到加泰罗尼亚等地的意愿，允许设立“自治地区”。

在新宪法中，除完全实行政教分离外，还包括解散“反国家的”修道会并没收其财产等内容。此外还规定“文化本质上是国家的领地”，公共教育由国家负责。但承认离婚和非教会婚姻以及学校教育世俗化的方针，对天主教会及其影响下的民众来说是难以接受的。自诩“西班牙不是天主教国家”的阿萨尼亚等左派共和主义者，缺乏顾及传统心性推进改革的政治家的资质。

## 阿萨尼亚政府的失败

共和主义右派的阿尔卡拉 - 萨莫拉成为首任总统后，政权掌握在阿萨尼亚手中。在共和主义左派和工人社会党的联合内阁中，共和主义右派无人参与。到 1933 年 9 月阿萨尼亚辞职为止的这段时间，被称为“改革的两年”，虽然在其倡议下进行了诸多改革，但那是一个右派反对和左派失望不断扩大的时期。

共和主义者重视教育改革。为了促进非宗教性教育，到1932年底，共创建了1万所初等教育学校，但离所需的2.7万所学校还很遥远。而且，即刻推行的男女同校和排除宗教教育的做法，引起了教会和保守阶层的反对。甚至在公立学校，为了反抗教室里的十字架被移除，也有一些孩子们戴着十字架来学校上学。

在军制改革方面，为了减少数量异常的士官而制定了《士官退休法》，但退休的士官很少。以非洲派军人为中心，反对政府介入军队传统的呼声日益高涨。1932年8月，桑胡尔霍将军的政变（口号是反对地区分离主义和反天主教的抗议）虽然失败了，但军队内部对共和政体的反对情绪已经相当高涨。

对右派政变产生危机感的阿萨尼亚，开始加紧解决将在后文述及的农地问题和加泰罗尼亚问题，以争取得到共和主义者和社会主义者的支持。1932年9月，国会通过了《加泰罗尼亚自治宪章》，马西亚就任首任自治政府首脑。

关于劳资关系，以劳动部部长拉尔戈·卡瓦列罗为中心，政府陆续制定了保护劳工的立法，并制定了《劳资混合委员会法》。但是，雇主团体也结成了“全国经济同盟”，以抵抗劳工的攻势。

社会主义者致力于土改。1930 年，从事农林渔业的人员占西班牙全部就业人口的 46%，仅零工雇农就占 17%。特别是在西班牙南部，一半以上的农地掌握在少数大地产所有者手中，零工雇农一年中的大部分时间都在为失业问题而痛苦。1932 年 9 月，旨在征用大地主土地分配给零工雇农的《农地改革法》获得通过。但由于预算不足和土地所有者的反对，实际效果微乎其微，到 1933 年底，只有约 4300 人受益。阿萨尼亚政权不仅遭到了大地产所有者的反对，还使对改革抱有期待的农民阶层失望。

与此同时，无政府主义者鼓动农民直接采取行动，导致骚乱频繁发生。1933 年 1 月，在加的斯省的卡萨斯·比耶哈斯村，无政府共产主义驱动下的农民攻击了治安警察兵舍。这次起义被治安警察（传统上负责农村治安）和突击警察（为了忠于共和国和维持治安而设立）两者联手镇压，22 名农民被杀害。以此为契机，社会主义者开始激进化，起初支持共和国的工人阶级也对政府进行了强烈的批判。1933 年 9 月，阿萨尼亚以对治安恶化负责为由辞职。

## 左右政治的两极化

共和政府于 1933 年 11 月举行了大选。为了对抗阿萨尼亚领导下的反天主教改革，天主教组织展开了热烈的竞选活动。结果，右派联合组织西班牙独立右翼联盟（CEDA）获胜。CEDA 成为第一大党（115 席），中间道路的激进共和党成为第二大党（102 席），工社党退居第三大党（64 席），议席减半。另外，法西斯政党长枪党获得 2 个议席，左派共产党获得 1 个议席，显示出左右分化的征兆。

普里莫·德·里维拉之子何塞·安东尼奥组建的长枪党，1934 年与国民工团主义进击团（JONS）合并，进一步壮大了势力。另外，长枪党也是 1937 年 4 月成立的“新长枪党”的中轴（后述）。

同年 12 月，在 CEDA 的支持下，激进共和党的勒鲁斯组阁，修改了教育世俗化、农地改革、恢复宗教预算等到当时为止的改革政策。将从这一时期到 1936 年 2 月为止的这段时间称为“黑暗的两年”，是对“阿萨尼亚的两年”进行激进改革的过高评价的另一个极端。至少激进共和党内阁一直试图在议会政治的框架内，维持中立路线。

离开政权的左派开始激进化，将右派拼凑的 CEDA 视为法西斯政党进行攻击。1934 年 10 月，3 名 CEDA 成员进入勒鲁斯的新内阁后，工社党下令对政府发动叛乱。马德里、巴塞罗那等地随即爆发工人起义，但都在短时间内被镇压。例外的是阿斯图里亚斯，当地在矿工有组织的抵抗下建立了“公社”组织，不过还是在大约两周后被军队镇压。在加泰罗尼亚，自治政府首脑昆帕尼斯因宣布成立“西班牙共和国内的加泰罗尼亚国”而被捕入狱，自治权亦被中止直至1936年。

就这样，逮捕了3万多人的“十月革命”不但动摇了议会政治，而且阻断了中立政治的道路。而且“革命”中的各种疑案使激进共和党的势力严重衰退，CEDA在政府内掌握了压倒性的发言权。由此，左右两派的主张均开始走向过激，街头对立也不断上演。

### 人民阵线的胜利与政变

1936年2月，在西班牙政治分裂为左右两极的情况下举行了大选。左派势力（PSOE、共产党、中左共和派等）事先缔结了《人民阵线协定》。20世纪30年代中期，继意大利之后，德国也成立了纳粹政权（1933年），对抗法西斯主义的威胁成为欧洲各国左翼势力的共同目标。这个选举协定不仅包括重新适用改革诸法、恢复加泰罗尼亚自治权等内容，还包括释放“十月革命”政治犯，无政府主义者也不再放弃投票权。值得注意的是，在72%的投票率下，得票数方面，人民阵线一方470万票，中间派52万票，右派450

万票，左派和右派的差距很小。但是，由于选举制度对选举联盟有利（大选区限制连记制），在议席数上，人民阵线在473席中获得263席，超过了半数。

阿萨尼亚再次组阁后，通过广播演说呼吁国民重建和平与正义，但维持议会政治的稳定已经不可能了。4月，阿尔卡拉-萨莫拉总统被解职；5月，阿萨尼亚当选为总统，新总理的任命也遇到了困难。

在此期间，治安恶化严重，左派势力多次罢工和在农村地区占据土地，右派势力也以暴力活动作为回应。这一年的1月到7月，有多达400名政治家遭到暗杀。吸引激进青年的长枪党被取缔，党魁何塞·安东尼奥也被捕入狱。

政府为了防止发生政变，曾将掌握军权的右派军人左迁到地方，但此举促使军队内部的右派势力秘密推进了政变计划。7月13日，以右派的主要政治家卡尔沃·索泰洛被暗杀为导火索，7月17日在摩洛哥的西班牙保护领首先发生了叛乱。次日，叛乱便扩大到整个西班牙。

# ❹ 西班牙内战

## 内战与来自国外的援助

叛军认为，如果各地的部队一起起义，共和国政府就会瓦解，但其实转而支持共和国的军人也很多。内战爆发时，共和国阵营的兵员有超过 13 万人，叛军一方有 17 万人。另外，临时当上首相的吉拉尔应左派和工人组织的要求，决定提供武器，这样组织起来的“政治民兵”抵抗了各地的军事叛乱。叛军的计划落空了，到 7 月末为止，已收入囊中的地区仅占全国的三分之一，可以预见，战争将陷入长期化。

由市民拿起武器挑战法西斯主义的形象，让人们喜欢使用“西班牙市民战争”这一术语；而武器在手的无政府工团主义者想趁机一蹴而就地推动社会革命，所以又有了“西班牙革命”这个词汇；但这场战争的实质，是共和国阵营和以

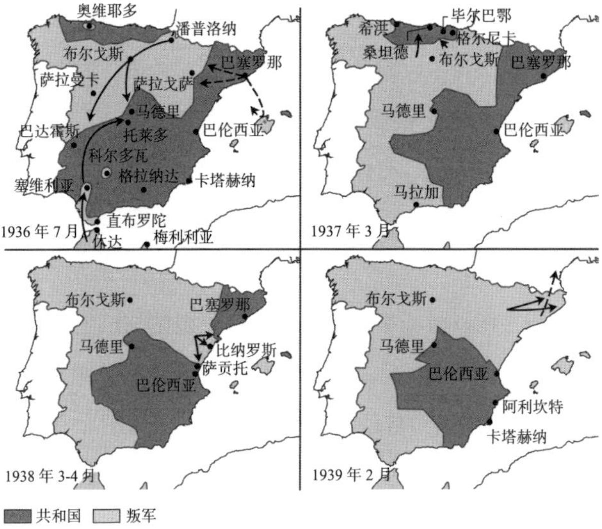


图 8–2 西班牙内战的经过

建立新政体为目标的叛军阵营之间的悲惨的“内战”。

到 1939 年 3 月底为止的内战中，估计有 50 万牺牲者（包括死于战斗、镇压和各种苦难的人）。值得注意的是，两个阵营对各自统治区域内的反对派和异议者的镇压都非常激烈。内战初期，被称为“散步”的肆意逮捕和郊外枪杀横行。虽然诗人加西亚·洛尔卡在格拉纳达被治安警察杀害的事件非常有名，但右派诗人伊诺霍萨也被无政府主义民兵队在马拉加枪杀。在马德里和巴塞罗那，政治犯会被投入非法监狱（契卡）进行拷问，再被“带出去”进行处决。虽说这是对政变的反抗和积怨叠加的结果，但 6800 多名神职人员在恐怖政治中丧生，给叛军阵营赋予了“圣战”的大义。内战结束后，虽然叛军阵营仍持续进行包括“散步”和“带出去”在内的有组织、有体系的镇压行动，不能免罪，但在共和国阵营中，手持武器的民兵队犯下种种愚行也是内战的事实。

内战之所以对叛军阵营有利，最主要的原因是英国和法国担心冲突发展成国际战争，提倡不干涉政策，并成立了由欧洲 27 个成员国组成的不干涉委员会，但德国和意大利违反了武器禁运协定，公开支援叛军。共和国政府虽然是合法政府，但因为“不干涉闹剧”，不能从国外购买武器。只有警惕德国对外膨胀的苏联对其进行了大量援助，但这是用西班牙银行的储备黄金换来的。而且苏联的介入有利于确立共产党在共和国阵营内部的主导权。

许多响应共产国际（1919 年在莫斯科创立的国际共产主义组织）的号召，对反法西斯战争有共鸣的人们，作为国际旅（纵队）的义勇兵加入了共和国阵营。其中包括海明威、马尔罗、奥威尔等人。在大约 4 万人的义勇兵中，有将近三分之一的人在西班牙战场上丧生。以马德里保卫战为代表的英雄行为，虽然有助于向世界宣扬共和国的正当性，但在战局恶化的 1938 年末，国际旅也被迫解散了。后来，西班牙政府根据2007年的《历史记忆法》(参见第10讲),向原义勇兵颁发了西班牙护照,以表彰他们的荣誉。

## 内战的展开

一举瓦解共和国的计划失败后,叛军以夺取首都马德里为目标,于1936年10月发动了包括空袭在内的总攻,但以失败告终。“别让他们过去!”这一标语就是在这个时候在共和国方面诞生的。在战争的长期化已成定局的情况下,共和国政府迁至巴伦西亚,马德里被置于防卫委员会的管辖之下。

叛军将进攻目标转向北部工业区,并于1937年3月对巴斯克发起进攻。4月26日,德国“神鹰军团”对巴斯克的格尔尼卡镇进行的无差别轰炸,震惊了世人。由于历代领主都在格尔尼卡的橡树下誓约尊重地方特权,因此这座小镇被视为巴斯克的圣城。而毕加索通过画作《格尔尼卡》表达了自己对这一事件的愤怒,也是尽人皆知的事情。图8-3就是该作品的一部分,其中抱着孩子尸体的女性正是代表格尔尼卡轰炸的受害者。顺便提一下,原收藏于纽约现代美术馆的《格尔尼卡》是在西班牙民主化之后的1981年9月归还的。

图 8-3 毕加索的《格尔尼卡》(局部，1937 年，索菲亚王后艺术中心)

1937 年 10 月末，由于北部地区已完全处于叛军的控制之下，内格林政府（当年 5 月成立）于 12 月进攻东部城市特鲁埃尔，试图以此展开反攻。虽然在这场巷战中获胜，但 1938 年 2 月特鲁埃尔又被叛军夺回。4 月，叛军抵达地中海，使马德里以外的共和国地区被分为巴伦西亚和巴塞罗那两个部分，共和国政府于 10 月迁往巴塞罗那。1936 年 10 月，佛朗哥掌握了叛乱派的全部权力。11 月，德国和意大利承认了叛乱派政府。翌年 11 月，英国与叛乱派政府缔结了通商关系。同月，日本也承认了叛乱派政府。

1938 年 5 月，内格林发表“十三条原则”，提出民主选举和保留共和国，但被叛乱派政府无视。同年 7 月，内格林政府展开了最后一次攻势，虽然一度攻占了埃布罗河，但终因 7 万人阵亡而失败。12 月，叛军发动加泰罗尼亚总攻，1939 年 1 月，巴塞罗那陷落。2 月，英法两国也宣布承认佛朗哥政府，总统阿萨尼亚在流亡地法国辞职。3 月 28 日，叛军进入马德里。4 月 1 日，佛朗哥宣布解散“赤色军队”，“战争已经结束”。

### 共和国阵营与社会革命

内战爆发后，脱离共和国政府控制的无政府工团主义者推行工厂自主管理，并在农村地区实行集体化生产。这确实在一部分地方建立了无政府共产主义性质的“公社”，但那不过是战争时期的乌托邦。一鼓作气推进社会革命的举动，对中产市民和小农民构成了巨大的威胁。

无政府主义者的革命理念，与优先重建社会秩序以争取与叛军战争的胜利路线相对立是不可避免的。1937 年 5 月，加泰罗尼亚发生了被称为“内战中的内战”的“巴塞罗那五月事件”。西班牙共产党、工人劳动党的右派以及共和主义各政党与以实现革命为优先的 POUM、全国劳工联盟以及工社党左派之间的对立已经尖锐化，在这次武装冲突中，有近 500 人死亡。结果，POUM 被取缔，农业和工厂的集约化也被制止。

1937 年 5 月，亲苏派的内格林组阁，但工社党左派和无政府主义者都没有进入内阁。内格林任命普里耶托为国防大臣，希望得到共产党以外的支持，把战争导向有利的方向，但这是不可能的。1938 年 5 月，内格林亲自兼任国防大臣，在战争的胜利即便已不可能的情况下，仍试图寻找妥协实现和平的道路。但是同年 9 月，英法在慕尼黑会议中决定继续对德执行“绥靖”政策，西班牙共和国在国际上的孤立已经显而易见。

坚持与叛军作战到底的只有共产党，共和国阵营的失败已是不可避免的。在马德里，反对共产党的卡萨德将军的防卫委员会，虽然希望以叛军一方不进行报复为条件结束战争，但还是在 1939 年 3 月底接受了无条件投降。佛朗哥在同年 2 月公布了《政治责任法》，准备追诉 1934 年 10 月以后一切为支持共和国而参与政治的人。

图 8-4　叛军方面的海报（1937 年），把叛乱称为“十字军”

内战爆发后，因烧毁教堂等事件，许多文化遗产毁于一旦。对此，共和国政府曾成立“艺术品保护委员会”，旨在保护文化遗产。随着对马德里的无差别攻击愈演愈烈，普拉多美术馆的主要作品（包括委拉斯开兹的《宫娥》）被打包转移到巴伦西亚，最后被送往日内瓦。内战结束后，这些作品被佛朗哥政权返还给普拉多美术馆，但这一历史长期被掩盖。

## 叛军阵营的新国家建设

叛乱爆发时，几位权势人物曾竞相争夺叛军内部的控制权，但由于他们最终意外死亡等原因，形成了佛朗哥将军指挥叛军的体制。1936 年 9 月，佛朗哥成为陆海空三军的总司令，10 月成为国家元首，掌握了叛军阵营的全部权力。1937 年 4 月，他又联合了右派势力，创立了单一政党"向传统主义者与国家工团主义者进军的长枪党"（以下简称"新长枪党"），佛朗哥也成为新长枪党党魁。虽然有从法西斯到卡洛斯派的各种势力加入这个新长枪党，但他们在打倒共和国政府和建设"新国家"方面是一致的。由此，实现了以佛朗哥个人为顶点的权力一元化，也就是独裁体制。

叛军于 1938 年 3 月出台的《劳动宪章》，基本上是模仿墨索里尼 1927 年的《劳动宪章》制定的。一方面，强调"新国家"是以社团主义的组织形式组织而成的；另一方面，又将"天主教的传统"即国家天主教主义作为国家的基本方针。

叛军政府将共和国时代的非天主教化政策进行了 180 度的转变。西班牙天主教会在 1937 年 1 月的主教团咨文中表示，叛军作为拯救祖国的“十字军”，天主教会将对其进行全面支援，以实现使人们重新天主教化的目标。1939 年 4 月，罗马教皇庇护十二世以“天主教的胜利”来祝贺佛朗哥的终战宣言。作为回应，佛朗哥再次夸耀自己打败了“宗教、祖国和基督教文明的敌人”。

第9讲

# 佛朗哥的独裁体制

1939—1975年

“烈士谷十字架教堂”和高高耸立的巨大十字架

## 大事年表

| | |
|---|---|
| 1939年 | 《政治责任法》公布 |
| 1940年 | 《工会统一法》公布，由劳资一体的“垂直工会”统合劳动关系<br>《共济会·共产主义镇压法》公布 |
| 1942年 | 《国会设置法》公布 |
| 1945年 | 《国民宪章》公布<br>《国民投票法》公布 |
| 1946年 | 联合国大会通过西班牙排斥决议（—1950年） |
| 1947年 | 《国家元首继承法》公布 |
| 1948年 | 西班牙共产党决定放弃武装斗争 |
| 1953年 | 与梵蒂冈签署《政教协约》<br>开始向美国提供租借军事基地 |
| 1955年 | 加入联合国 |
| 1957年 | 天主事工会的技术官僚入阁<br>佛朗哥承认摩洛哥独立 |
| 1958年 | 《国民运动原则法》公布<br>加入国际货币基金组织 |
| 1959年 | “烈士谷十字架教堂”落成<br>“埃塔”（ETA，巴斯克祖国与自由）成立 |
| 1962年 | 反建制势力参加“欧洲运动”慕尼黑大会 |
| 1964年 | 经济与社会发展计划（第一次：—1967年，第二次：1968—1971年，第三次：1972—1975年） |

续表

| | |
|---|---|
| 1967 年 | 《国家组织法》公布 |
| 1968 年 | 在“埃塔”的恐怖活动中出现第一个死者 |
| 1969 年 | 佛朗哥指定胡安·卡洛斯王子为国家元首继承人 |
| 1973 年 | 国家元首与首相分离。国家元首为佛朗哥，首相为卡雷罗·布兰科<br>“埃塔”炸死卡雷罗·布兰科首相 |
| 1974 年 | 阿里亚斯·纳瓦罗内阁成立 |
| 1975 年 | 制定《恐怖分子取缔法》<br>佛朗哥去世，胡安·卡洛斯一世即位 |

# ❶ 佛朗哥体制的建立

## 来自内战胜利者的压迫

经过长达 3 年的内战，西班牙社会分裂，民生凋敝。但是，佛朗哥政府却专注于建立胜利者的政治体制，失败者则被视为压迫的对象。根据追究内战政治责任的《政治责任法》（1939 年）、《共济会・共产主义镇压法》（1940 年）等法律，在战后的 5 年里估计有超过 5 万人作为政治犯被处决。而且，对支持共和国的人的镇压和歧视持续了很长时间。不仅包括解雇、肃清公务员和小学教员队伍，还有为了以儆效尤而在公众面前滥用私刑等行为。直到进入 21 世纪以后，才公开出现为内战中和战后的残酷压迫做证的声音（2007 年通过了《历史记忆法》，参见第 10 讲）。

在建设“新国家”的过程中，佛朗哥首先宣布“总统只对上帝和历史负责”（1939 年，写入单独执政党的新长枪党党章），确立了其独裁者的地位。佛朗哥是国家元首和陆海空军总司令，也是新长枪党的党首，同时担任国务委员会主席。1942 年的《国会设置法》规定国会是由职能团体代表组成的“有机体议会”，由此否定了普通选举。

新长枪党虽然缺乏意大利和德国法西斯政党的体系和群众基础，但通过青少年组织和妇女组织等系列团体，大力培养服务于佛朗哥体制的人才，充当国家和社会的管道。

在处理劳资关系方面，佛朗哥政府于 1940 年制定了《工会统一法》，将“垂直工会”改组为产别工会，号称“此举将消除阶级对立”。这显然受到了意大利法西斯工团主义的影响。1941 年又成立了国家工业协会（INI），以军需相关产业为中心进行投资，这也是对意大利工业复兴协会（IRI）的模仿。

1939 年 9 月第二次世界大战开始后，佛朗哥政府加入防共协定，站在轴心国一方，但由于内战导致国内疲惫，无力参战，遂宣布中立。不过，在轴心国一方持续取得优势后，佛朗哥发表了“非交战国宣言”，加强对德意的合作，并于 1941 年苏德战争爆发后，派遣志愿军“蓝色师团”前往对苏战线。在盟国方面取得优势后，佛朗哥又淡化了法西斯主义色彩，于 1943 年 11 月恢复中立。

佛朗哥体制以军队、新长枪党、教会为三大柱石，虽然其统治基础包含了五花八门的各类“党阀”，但他最为重视与传统、保守的天主教会的关系。他将“国家天主教主义”标榜为体制意识形态的支柱，特别是在教育制度上，天主教成为基本原理。教室里除了佛朗哥总统的肖像画，还有义务悬挂十字架和圣母玛利亚的肖像画。

**国际的孤立**

1945 年 5 月德国战败后，佛朗哥便急于拭去法西斯主义色彩，于同年 7 月制定了《国民宪章》，保障法律面前人人平等和一定的自由。也是在这个时候，“新长枪运动”改称为“国民运动”，露骨的法西斯主义式的礼节和宣传口号被统统废除。但是，1946 年 2 月，联合国大会通过了谴责佛朗哥政权的决议，同年 12 月劝告各国召回大使，并决议将西班牙从联合国机构中排除。

联合国大会的决议助长了反佛朗哥体制的运动，使企图复辟君主制的阿方索十三世之子唐·胡安的行动更加活跃。但是，佛朗哥在 1947 年 7 月通过公民投票通过了《国家元首继承法》，规定西班牙为王国，佛朗哥作为终身摄政王掌握国家权力。通过继承法，佛朗哥保留了君主制复辟的可能性，不但怀柔了王党派，还得到了继承人指定权。

在西班牙遭到国际不断施压的鼓舞下，秘密留在国内的共产党、全国劳工联盟等组织展开了游击斗争，甚至还有从法国南部越国而来的武装组织（马基）。但是在严厉的镇压体制下，这些行动很难引起因内战而疲惫不堪的居民的共鸣。西班牙共产党在1948年放弃了游击战术。

联合国大会通过决议后，仍向西班牙派驻大使的国家仅限于葡萄牙和阿根廷，西班牙在国际上被孤立，但佛朗哥利用外部压力巩固了自身体制。1946年12月，他在马德里王宫前的东方广场举行了100万人的集会，向反对外国干涉的民众煽动西班牙民族主义。在内战中获胜的西班牙，“自由和主权正受到威胁”，绝对不能输给“犹太·共济会”的国际阴谋。

### 自给自足体制

在国际上被严重孤立的佛朗哥政府，被迫采用了“自给自足”的经济政策。这种将西班牙作为一个资源丰富的国家，认为只要国家进行有效管理，就可以实现自给自足的想法，是朴素的经济民族主义的结果。但是，对事实上人口、资源、市场都非常有限的西班牙来说，这项政策是非常鲁莽的。

自给自足政策的基本做法之一是限制进口和出口。限制贸易虽然是出于黄金和外汇储备不足的原因，却造成石油等需要进口的产品价格大幅上涨，并且使生活必需品的短缺问题变得异常严重。虽然政府直接介入市场，实行了价格控制，但生产者隐瞒产品在黑市销售是必然会出现的情况。其中，小麦几乎有一半流入了黑市，黑市价格是官方价格的两到三倍。贫穷的平民为了配给证而绞尽脑汁，粮食配给制度一直持续到 1952 年。

该政策的另一个基本内容，是以“新国家”在军事、政治上自立所必需的领域为优先方向的产业振兴。佛朗哥政府试图以此重建机器、原料等生产资料产业，不过由于需要持续进行公共补贴，也造成公共支出大幅增加。虽然通过公共事业投资和国家工业协会的投资确实促进了产业基础建设，但导致了严重的通货膨胀。

结果，与欧洲各国在 20 世纪 40 年代后期便纷纷进入战后复兴阶段相比，西班牙经济花了约 20 年时间才恢复到内战之前的状态。从人均国民生产总值来看，西班牙直到 1954 年才恢复到 1934 年的水平。

## ❷ 重返国际社会与成为反共堡垒

### “冷战”的发展与佛朗哥体制

西班牙受到的国际孤立随着东西方“冷战”和国际社会的变化而逐渐减弱。虽然没有被允许加入北约（NATO），也没能受惠于成为西方国家复兴原动力的马歇尔计划，但其地缘位置（大陆和大洋的十字路口）对西方国家具有重要的战略意义。1948 年，第一次柏林危机发生，翌年，苏联成功引爆原子弹后，从“反法西斯主义”转向“反共主义”的西方国家，不得不接受自我标榜为“西方国家的岗哨”的佛朗哥政府。

1950 年 11 月，联合国大会撤回排斥西班牙的决议，但在内战中支持共和国阵营的苏联和墨西哥等国对此表示反对。卡德纳斯统治下正在推进社会变革的墨西哥，不但在西班牙内战中支持共和国，还在内战结束后接收了大约 1 万名流亡者。此后，西班牙陆续被批准加入联合国粮食及农业组织、联合国教科文组织等国际组织，并于 1955 年加入联合国。

在此之前的 1953 年，佛朗哥还取得了两个重要的外交成果。首先，是与教廷重新缔结了《政教协约》，进一步确立了与天主教会的联系。西班牙虽然在主教任命权上向梵蒂冈作出了让步，但换来了教廷向国内外公认佛朗哥独裁统治下的西班牙是一个正当国家。梵蒂冈对政治自由和人权的敏感是进入 20 世纪 60 年代以后的事。

其次，是与美国签订了军事协定。西班牙以领土内的军事基地出租作为交换，获得了美国的军事和经济支持。虽然对外宣称是“相互防卫支援”，但美国对西班牙并没有明确的防卫义务，不过在得到 5 亿美元以上的援助后，西班牙的粮食状况得到了改善，石油也得以进口。

这种经济支援虽然延长了自给自足经济政策的寿命，但到了 20 世纪 50 年代后期，随着经济中心从农业转移到工业，人口也开始从农村大量流动到城市。这一时期，第一产业占 GDP 的比重从 1940 年的 32% 下降到 1955 年的 21%，第二产业从 28% 上升到 38%。就业人数方面，第一产业从 52% 下降到 46%，第二产业从 24% 上升到 28%。在这种情况下，来自国家的过度控制和干预已成为经济发展的桎梏，资本方开始要求政府实现经济自由化。在通货膨胀高涨、要求提高工资的罢工频繁发生的情况下，劳动条件的决定应该交由劳资协商的呼声也越来越高。

1957 年，佛朗哥进行内阁改组，让天主教团体“天主事工会”（西班牙语：Opus Dei）的相关人士担任内阁大臣。天主事工会虽然在思想上继承了保守的天主教完全主义，但重视效率和技术，主张经济和行政的合理运作。此外，他们还渗透到政界、财界和高等教育领域，拥有众多大学教师和官僚。由此，佛朗哥体制摆脱了对新长枪党提倡的国家干预主义，转向天主事工会技术官僚的经济自由化政策。

### 反佛朗哥体制运动的质变

进入 20 世纪 50 年代，佛朗哥政权得到国际认可，期待联合国和国际压力的反佛朗哥体制运动失去了前景。1940 年以来设在墨西哥的共和国流亡政府没有对西班牙国内造成任何影响，也放弃了国内的武装斗争。象征佛朗哥体制稳定的是，内战结束后，由 2 万名共和国政治犯在埃尔·埃斯科里亚东北方向约 10 公里处的山谷中建造的世界最大的廊柱大厅式教堂——烈士谷十字架教堂。1959 年 4 月 1 日，在内战胜利 20 周年之际举行了该教堂的竣工典礼。在此多说一句，1975 年 11 月，佛朗哥被埋葬在位于这座教堂祭坛前的长枪党创立者何塞・安东尼奥的墓旁。

然而，尽管内战结束已经过了 10 多年，市民的生活依然十分艰苦。1951 年，由于市民抗议市区电车票价上涨，巴塞罗那市爆发了总罢工，最终导致市长被撤换。同一时期，巴斯克也频繁发生工厂工人要求提高工资的罢工。1956 年，马德里大学的学生发起了要求学生会（SEU）民主化的示威。在佛朗哥体制内，有一批虽然身居要职，但担心社会分裂，被称为“包容派”的人，其中为首的教育大臣路易斯・希梅内斯，便在这次骚乱中被追究责任而罢免。老资格的长枪党党员里，德鲁埃霍等人也被逮捕。在这次被捕入狱的学生中，有些人很快就成为支持反佛朗哥体制运动的知识分子，后来成为经济学家的拉蒙・塔马梅斯便是其中之一。

从这个时候开始，战后的年青一代开始对工人运动产生疑问。虽然已经式微的全国劳工联盟和劳动者总联盟与垂直工会保持着一定的距离，但处于非法状态下的西班牙共产党却在 1956 年选择了以和平手段打倒独裁为核心的“国民和解”路线，积极加入垂直工会。并且，为了掌握垂直工会的指导部，实行工资谈判和罢工，共产党干部在各地组建了劳工委员会（CCOO），并努力使这个组织稳定下来。然而，1959 年，共产党操之过急地号召反独裁总罢工，致使运动领导人悉数被捕。

## 拉丁美洲，直布罗陀和摩洛哥

佛朗哥将反共作为政治基轴的同时，也将对外关系的成果用于稳定国内政治。在与拉丁美洲各国的关系方面，他强调西班牙语与天主教这两个文化共同点，于 1940 年创立了“西班牙世界”协会（1945 年改组为“西班牙世界文化”协会）。经历了内战，国力不足的西班牙不指望就此能够加强与拉丁美洲各国的政治经济关系，但这种对文化一体性的强调，却加强了两者之间的外交关系。正基于此，阿根廷和秘鲁对 1946 年联合国的西班牙排斥决议表示明确反对，且阿根廷根据同年的通商协定向西班牙出口了 70 万吨小麦。对于阿拉伯国家，佛朗哥也怀着确保石油和保持西属摩洛哥的目的采取了亲阿拉伯政策。由于阿拉伯国家接近苏联，双方的关系变得微妙起来，但佛朗哥始终没有承认以色列。

另外，西班牙对英国女王伊丽莎白二世访问直布罗陀提出强烈抗议，1957 年向联合国非殖民地化委员会提出诉讼，要求返还直布罗陀。直布罗陀问题使西班牙人的爱国情绪高涨，但英国并没有放弃这一在 1704 年到手的战略要地。虽然将直布罗陀问题争议化，可以说与在摩洛哥坐拥“飞地”的西班牙自身立场相矛盾，但其主权问题作为对英国关系的一根刺，至今仍然存在。

第二次世界大战后，在全球去殖民化的大潮中，从 20 世纪 30 年代开始逐渐兴起的摩洛哥独立运动也愈演愈烈。法国由于在东南亚殖民地苦苦维持，摩洛哥的保护领也发生了游击战，于 1956 年 3 月承认摩洛哥独立。这样一来，仅靠西班牙便很难处理摩洛哥的独立问题。最终于第二年 4 月，西班牙答应归还摩洛哥的领土，除了休达、梅利利亚和伊夫尼的“飞地”。对支持佛朗哥的“非洲派”军人来说，不战而弃摩洛哥是一种冲击，但四分之一个世纪过去了，剩下的内战时期的将军们已没有多少政治影响力。佛朗哥在这个时候决定放弃殖民地，相当于把西班牙从困扰邻国葡萄牙到最后的安哥拉、莫桑比克那样的殖民问题中提前解放出来。

另外，西班牙于 1969 年向摩洛哥归还了伊夫尼，1968 年放弃了从 1778 年开始占有的赤道几内亚，1975 年从 1884 年开始占有的西撒哈拉（西属撒哈拉）撤退。至此，西班牙在非洲拥有的领土仅限于休达和梅利利亚，但摩洛哥一直要求归还这些领土。另外，西撒哈拉的归属问题可以说是西班牙殖民主义留下的负面遗产。距离问题的解决遥遥无期。

## ❸ 从“经济奇迹”到佛朗哥体制的终结

### 经济增长的实现

20 世纪 50 年代末，西班牙贸易的进出口失衡达到了极限。1959 年，西班牙不得不接受国际货币基金组织提出的财政健全化、金融紧缩、贸易和资本自由化的要求，以换取援助。这些要求在技术官僚的操作下作为“经济稳定计划”得以实施，但这也意味着自给自足政策的彻底破产。同时，让西班牙赶上了西欧经济增长的浪潮。

西班牙曾分别于 1962 年和 1964 年申请加入 EEC（欧洲经济共同体），但都被以不是民主主义国家为由驳回。加入 EC（1967 年由 EEC 扩大而来的欧洲共同体）还要等到民主化以后的 1986 年。

在“经济稳定计划”之后，西班牙政府又相继实施了三次经济与社会发展计划（1964—1967年、1968—1971年、1972—1975年）。主要目标指向完善基础设施，培育出口产业，在工业化落后的地区创建发展基地和工业园区等。虽然这些计划究竟为工业化作出了多大的贡献，目前还存在诸多争论，但随着20世纪60年代外国资本投资的增加，西班牙经济与世界经济，特别是与西欧经济的联系日益密切，经济得到了迅速发展。在这一时期，西班牙实现了仅次于日本的年均7.5%的“奇迹式的经济增长”。

但是，除了出口领域，经济高速增长并没有与农业现代化联系在一起。政府反而没有对农业采取任何措施，造成大量劳动力从埃斯特雷马杜拉、卡斯蒂利亚、安达卢西亚的农村地区转移到马德里、巴塞罗那、毕尔巴鄂等城市，甚至流入西欧。1962年，西班牙人口约为3000万人，但据推算，20世纪60年代约有450万人改变了居住地。

据统计，当时移民到法国、联邦德国、瑞士等国家的人口超过了劳动力人口的一成，这些移民向本国的汇款对西班牙国际收支的改善作出了很大贡献。从1960年到1974年，移民汇款总额超过72亿美元，相当于贸易逆差的一半。

此外，“旅游热”的兴起不仅改善了国际收支，还对活跃国内经济作出了贡献。由于经济的发展，来自因经济发展而日益富足的西欧各国旅行者，不仅带来了外汇，还极大地促进了西班牙的旅游业和相关建筑业的发展。1960 年，来到西班牙的游客人数为 600 万人，1965 年达到 1400 万人，西班牙由此实现了“观光立国”。佛朗哥时代的旅游宣传标语“西班牙不一样”，特别强调了斗牛和弗拉门戈，努力向旅行者传达异域风情。

图 9–1 “西班牙不一样”（20 世纪 60 年代的观光海报）

就这样，西班牙摆脱了落后农业国的地位，进入欧洲中等发达国家的行列。1960 年，第一产业在 GDP 中所占比重为 23%，1975 年已减为 10%，第二产业由 37% 上升到 39%，第三产业则由 40% 飞跃性地上升到 51%。在就业人数方面，第一产业从 42% 减少到 22%，几乎减半，第二产业从 30% 增加到 35%，第三产业从 28% 大幅增加到 43%。

## 天主教会与佛朗哥体制

进入 20 世纪 60 年代，佛朗哥体制与作为其精神支柱的天主教团的关系，也在世界天主教领域的变化中发生了巨大的变化。早在 40 年代末，国际上已经出现了对工人运动产生共鸣的天主教组织，到了 60 年代，天主教行动工人兄弟会（HOAC）和天主教工人青年团（JOC）的成立，更加表明了天主教与共产党和左翼知识分子联合的动向。

虽然高级神职人员对这一举动持批判态度，但 1962 年由若望二十三世主持召开的第二次梵蒂冈公会议表明，天主教不应对政治自由和维护人权漠不关心。虽然这一动向花了很长时间才对西班牙的高级神职人员产生影响，但不可避免地引起了“国家天主教”的动摇。此后，西班牙天主教对佛朗哥体制压迫人权的批判逐渐高涨，1971 年，在西班牙司祭和主教联席会议上，一项以“没有努力与内战失败者和解而道歉”等为内容的决议获得了过半数的支持。

对此，佛朗哥体制试图用力量封锁反对的动向。1962 年 4 月，罢工从阿斯图里亚斯开始扩大，天主教行动工人兄弟会和天主教工人青年团也参与其中，政府随即在 5 月宣布北部全境进入紧急状态，并进行镇压。同年 6 月，“统一欧洲运动”（丘吉尔等人于 1948 年建立的促进欧洲一体化的组织）召开了“慕尼黑大会”，从流亡中的工人社会党领导人到西班牙国内的基督教民主主义派，约有120位反佛朗哥体制派的政治家和知识分子参与其中，他们异口同声地呼吁西班牙有必要恢复民主。政府谴责这是又一次“慕尼黑阴谋”，并加强了镇压行动。但是，参加者的三分之二来自西班牙国内的事实说明，反佛朗哥体制派正在滋长。

### 社会的变化

随着自给自足体制的崩溃，在经济自由化和旅游热的席卷下，西班牙社会在20世纪60年代发生了巨大的变化。多样化的中产阶层应运而生，广播、电视、汽车等消费品的普及，使西班牙也进入了大众消费社会。拥有国产大众汽车“SEAT600”，成为中产阶层地位和经济实力的象征。

来自西欧各国的游客，不仅带来了外汇和就业机会，而且动摇了人们长期奉行的体制价值观，这成为人们产生新心性的契机。由于人们日常出入教会的次数有所减少，天主教不得不变得更加开放。20世纪60年代后期，与中南美的“解放神学”形式相通，西班牙下级神职人员也出现了批判体制、支持工人运动的激进言行。

前文曾经提到，西班牙南部虽然长期受困于大庄园制和零工雇农的问题，但大量人口离开乡村提高了农民的工资水平，而大企业通过引进拖拉机和化肥等方式也推进了农业的现代化。结果，随着劳动密集型的落后农业的减少，农地改革也不再是尖锐的社会矛盾。以下是安达卢西亚农村在这段时间内转变的见证（摘自罗纳德·弗雷泽：《西班牙塔霍斯村兴盛记》，平凡社，1975 年，第 225—226 页）：

> 例如 1957 年，这里只有两辆卡车……两辆出租车，一辆摩托车，没有私家汽车。由于缺乏公共交通工具，每天晚上要用驴从卡萨斯·比耶哈斯运送信件。人们家中没有电视机，只有富裕的人才有收音机，每天卖出的报纸数量也不过十来份。
>
> 14 年后的今天（1971 年），这里有 20 多辆卡车，5 辆现代化的出租车，还有近 90 辆私家车，还有那些吵闹的小货车。……贴瓷砖的屋顶上林立着朝向各个方向的电视天线，现在每天能卖出 125 份报纸。

很明显，那种“西班牙不一样”的景象在逐渐淡化。用“国家天主教”来束缚人们已经不可能了。

## 面向“佛朗哥去世后的佛朗哥体制”

20 世纪 60 年代中期，佛朗哥体制已经意识到依靠内战的胜利和对共和国支持者的镇压，很难再向人们宣传其正统性了。1964 年，即内战结束后的第 25 年，政府对“和平的 25 年”进行了大力宣传。但是，随着中产阶级的形成和大学生人数的增加，大学校园内的反体制运动变得更加活跃。1968 年，西欧各国发生了激烈的学生运动，对西班牙的学生也产生了不小的影响。

要求改善待遇的工人运动也越来越激烈。为了加以抑制，1967 年 2 月，最高法院宣布劳工委员会为非法组织。10 月，劳工委员会发起了要求民主化的全国统一行动，但遭到镇压。劳动者的意识还没有从经济斗争上升到反独裁的高度。

为了部分地满足人们追求思想自由的要求，信息观光部部长弗拉加·伊里瓦内于 1966 年颁布了废除事前审查的出版法，但同时制定了对反体制出版物的高额罚款和停止出版的制度。尽管采取了这些措施，但对佛朗哥体制持批判态度的出版物的发行数量仍在增加，从 1968 年到 1969 年，共处罚了 118 种，并没收了 7 种出版物。1971 年发行的《变革 16》，尽管进行了多次事后审查，但还是助推了批判独裁的舆论形成。

这一时期，在加泰罗尼亚、巴斯克和加利西亚，以恢复佛朗哥体制下长期被压抑的地方语言、文化为基调的地方主义开始高涨，特别是当地的低级神职人员也在同步行动。在加泰罗尼亚，以 J. 普约尔等人为中心的天主教地方民族主义的影响力持续增加。1966 年，巴塞罗那的 130 名司祭发起了批判独裁的示威运动，巴斯克的司祭也对此表示支持。

在巴斯克地区，不满于巴斯克民族主义党路线的青年于 1959 年成立了“埃塔”（巴斯克语：Euskadi Ta Askatasuna，意为“巴斯克祖国与自由”，缩写为 ETA）组织，并在为解放殖民地斗争的理念中逐渐成为走武力斗争路线的集团。1968 年，以杀害一名治安警备队员为开端，此后“埃塔”便走上了无止境的急进和过激之路。受此影响，加利西亚也出现了与历史上的加利西亚主义不同的过激运动，但活动烈度有限。

在这种情况下，佛朗哥在一定程度上脱离了赤裸裸的独裁体制，逐渐向承认体制内部多元性的方向转舵。政治史研究者非常关注这种多元性，称之为“威权主义体制”，这牵涉佛朗哥自身健康的恶化和确定接班人的需要。也就是说，佛朗哥不得不摸索“佛朗哥去世后的佛朗哥体制”。

1966 年 12 月，佛朗哥通过全民投票通过了《国家组织法》，并于次年 1 月公布。这是自 1947 年的《国家元首继承法》以来首次举行公民投票，21 岁以上的成年人中有 89% 参加了投票，在正式公布的结果中赞成票占 96%。尽管如此，佛朗哥还是对他的“有机体民主”在这次公投中获得的正当性进行了大肆渲染。包括上述内容在内的“七项基本法”（除《国家组织法》外，还有1938年的《劳动宪章》、1942年的《国会设置法》、1945年的《国民宪章》、同年的《公民投票法》、1947年的《国家元首继承法》、1958年的《国民运动原则法》）被废除，还需要10年以上的时间（1978年，民主主义宪法公布）。

1969年7月，佛朗哥正式指定信奉自己亲传帝王学的胡安·卡洛斯（阿方索十三世之孙，1938年生于罗马，1948年起在佛朗哥的庇护下成长于西班牙）为继承人。胡安·卡洛斯在国会（有机体议会）上宣誓“以上帝的名义效忠国家元首佛朗哥和《国民运动原则法》等诸基本法（七项基本法）”。这样，佛朗哥体制在其死后就将作为波旁王朝的王政得以延续。然而，1975年佛朗哥死后，胡安·卡洛斯在西班牙民主化的进程中，发挥了极为重要的作用（不过，正如后文所述，他的晚节有亏）。

### 佛朗哥体制的终结

将胡安·卡洛斯指定为继承人的佛朗哥，在1969年12月写给国民的圣诞贺词中留下了“一切都紧密地联结在一起”这样一句名言。但是，到1975年11月去世为止的6年间，佛朗哥体制发生了巨大的动摇，人们开始寻求与佛朗哥的热切期望不同的民族纽带。虽然从 1958 年起，每年 5 月 1 日马德里的圣地亚哥伯纳乌体育场（皇家马德里的主场）都会举行“劳动者圣约瑟”的庆典，年轻人的团体操和地方舞蹈让佛朗哥夫妇兴致勃勃，但这个集合劳动阶层和地方文化的庆典只是基于毫无根据的幻想。

1969 年，西班牙北部纺织机械公司的疑案暴露了政商界相互勾结，权力不受监督的体制的腐败。1970 年的布尔戈斯审判又向国际社会曝光了佛朗哥体制的压制性质。在军事法庭判处 6 名“埃塔”成员死刑后，欧洲各地展开了激烈的抗议运动。政府虽然决定减刑，但在国内加强管制的同时，允许“基督—国王游击队”等极右组织在警察的默许下袭击反体制派。

1973 年 6 月，佛朗哥将兼任的首相职务让给海军上将卡雷罗・布兰科。但是，原本准备在佛朗哥死后延续其体制的卡雷罗，在同年 12 月被“埃塔”炸死。体制内的“开放派”抓住了这一良机，1974 年 1 月成为首相的阿里亚斯・纳瓦罗打算采取允许一定程度的政治结社的政策。但是，由于采取强硬态度的本克尔（主张存续佛朗哥体制的强硬派）的抵制，这项有限的改革也受挫了。

1974 年 7 月，佛朗哥因病住院，他让胡安・卡洛斯担任临时元首，9 月又恢复元首一职，并采取了表征独裁末期的强压政策。1975 年 8 月，政府制定了《恐怖分子取缔法》，并于 9 月（与布尔戈斯审判时不同）无视国内外批评，处决了 5 名“埃塔”等组织的“恐怖分子”。

此时，摩洛哥声称拥有西撒哈拉主权，并组织了“绿色游行”，但受到疾病侵袭的佛朗哥已无力应对。1975 年 11 月 20 日，佛朗哥去世，享年 83 岁。虽然阿里亚斯首相主张，多亏了佛朗哥总统[1]，“一切都紧密地联结在一起”，但守旧体制已经不可能继续下去。

20 世纪 70 年代，反佛朗哥体制的运动开始组织化。在加泰罗尼亚，反体制派以“自由、赦免、自治宪章”为共同目标，于 1971 年成立了“加泰罗尼亚会议”。1974 年 7 月，以共产党为中心的“民主委员会”成立：1975 年 6 月，社会劳动党等团体组成了“民主势力集结纲领”。同年 9 月，双方发表联合宣言，呼吁通过全国统一行动打倒独裁。

虽然在这个时间点的独裁权力面前，这种反体制派的号召并没有广泛地动员大众，但很明显，佛朗哥死后的政府已经不能再无视自由和民主主义、政治赦免以及地方自治的要求了。

---

1　佛朗哥作为国家元首的称号为“考迪罗”（西班牙语：Caudillo），日语译为“总统”。

第10讲

# 民主化进程与自治区国家体制

20世纪70年代—现在

胡安·卡洛斯一世宣誓成为新国王（1975年11月22日）

## 大事年表

| | |
|---|---|
| 1976年 | 苏亚雷斯上台<br>国民投票通过《政治改革法》 |
| 1977年 | 1936年以来第一次民主大选，民主中间联盟（UCD）获胜，缔结《蒙克洛亚协定》 |
| 1978年 | 1978年宪法获全民投票通过 |
| 1979年 | 加泰罗尼亚和巴斯克成立自治区 |
| 1980年 | 加泰罗尼亚自治区议会选举中，联合与统一党（CiU）取得胜利。普约尔成为自治区主席（—2003年） |
| 1981年 | 政变未遂事件（23-F事件）<br>卡尔沃-索特洛就任首相（—1982年） |
| 1982年 | 加入北大西洋公约组织（NATO）<br>工人社会党在大选中取得压倒性胜利，冈萨雷斯就任首相（—1996年） |
| 1983年 | 完成全国17个自治区的设置 |
| 1986年 | 加入欧洲共同体<br>就是否脱离北约举行全民公决，以微弱差距决定留在北约 |
| 1992年 | 塞维利亚世博会、巴塞罗那奥运会召开 |
| 1996年 | 人民党（PP）大选获胜。阿斯纳尔就任首相（—2004年） |
| 2003年 | 巴斯克自治区主席伊巴列切提出“伊巴列切计划” |
| 2004年 | 马德里列车连环恐怖袭击（11-M事件）<br>工人社会党在总选举中获胜。萨帕特罗就任首相（—2011年） |

续表

| | |
|---|---|
| 2006 年 | 加泰罗尼亚新《自治宪章》获得承认 |
| 2007 年 | 制定《历史记忆法》 |
| 2010 年 | 加泰罗尼亚新《自治宪章》被判部分违宪。从这时开始，独立派运动高涨 |
| 2011 年 | 15-M 运动开始<br>“埃塔”宣布停止武装斗争<br>人民党在大选中取得压倒性胜利，拉霍伊政府（—2018 年）上台 |
| 2014 年 | 胡安・卡洛斯一世退位，费利佩六世即位 |
| 2015 年 | 公民党和“我们能”党（西班牙语：Podemos）在大选中大幅跃进，政坛出现多党分立 |
| 2017 年 | 加泰罗尼亚违反宪法，强行推行“民族自决权” |
| 2018 年 | 拉霍伊内阁不信任案通过。桑切斯政府成立 |
| 2019 年 | 极右政党民声党（Vox）在大选中崛起<br>佛朗哥的遗骸从烈士谷十字架教堂中迁出 |
| 2020 年 | 桑切斯组建 PSOE-“我们能”联合政府（—现在） |

# 1 民主化与1978年宪法

## 苏亚雷斯的领导能力

1976年春，反佛朗哥体制各方势力在民主大联合中实现了团结一致，并与佛朗哥体制中的改革派接触，开始探索民主化的可能性。另外，西班牙国内的劳工争议日益频繁。3月，在巴斯克比特里亚市的总罢工中，5人在与警察的冲突中死亡。5月，佛朗哥体制强硬派和反体制派发生冲突，反体制派有两人死亡。

胡安·卡洛斯国王为了波旁王朝的稳定，在内心中作出了政治民主化不可欠缺的决定。7月，国王提拔43岁的阿道弗·苏亚雷斯为首相。在此之前，苏亚雷斯曾担任国民运动事务局局长，虽然受到了媒体的严厉批评，但在国王的信任下，他成功地带领西班牙告别了“威权主义体制”。

苏亚雷斯上任后立即着手通过《政治改革法》，将现有国会改为由普选出的议员选出的参众两院。虽然此举遭到堑壕派（bunker）[1] 的反对，但 12 月还是付诸全民公决，并获得了压倒性的赞成票。政党活动的自由化还面临一个棘手的课题，就是如何处理西班牙共产党地位的问题。1977 年 1 月，共产党系的律师事务所遭到极右势力的袭击，5 人被害。不过，由于共产党展现出不理会恐怖分子挑衅的姿态，使情况有所好转，苏亚雷斯遂于 4 月将共产党合法化。

6 月，西班牙举行了 41 年来的首次民主大选，投票率高达 79%。以苏亚雷斯为首的民主中间联盟成为第一大党（350 席中获 165 席），工人社会党成为第二大党（118 席）。苏亚雷斯重新掌权后，旋即于 7 月成立了宪法委员会，目标是制定新宪法。

就这样，西班牙顺利地步入了民主主义转型时期。此时西班牙能够保持较为稳定的政治环境，很大程度上在于左派势力没有大力提倡所谓“转型期正义”（追究民主化前旧政权的罪行，以展现一种试图恢复正义的政治姿态）。避免对内战和佛朗哥独裁时期造成无数牺牲者的责任追究，是出于把西班牙建设成民主主义国家的优先考虑。也可以说，大家

1　反对所有政治改革，坚守佛朗哥体制的强硬派。

都有一个共同的想法，就是不要让内战重演。这种“正义”的问题化，是在进入 21 世纪以后。

1977 年 10 月，执政党与在野党达成共识，缔结了《蒙克洛亚协定》，苏亚雷斯开始应对经济危机。在第二共和国时期成为自治地区的加泰罗尼亚，成立了临时自治政府并得到承认。接着，议会通过了《赦免法》，释放了佛朗哥体制下的政治犯。苏亚雷斯还决定对受到政治清洗的人进行补偿。

### 1978 年宪法

现行宪法是西班牙国民“和解”过程的成果。负责制定宪法条文的宪法起草委员会成员（根据众议院的党派构成进行了平衡）共有 7 人，其中民主中间联盟 3 人，工社党、共产党、人民同盟、加泰罗尼亚议员小组（形式上也是巴斯克的代表）各 1 人，他们后来被称为“宪法之父”。他们超越党派利害关系，多次召开会议，起草了宪法草案，宣布西班牙是“社会的、民主的法治国家”。关于成为悬案的地方自治问题，如后文所述，承认了“民族体”和“地区”的自治权。政治体制方面，在议会君主制的原则下维持了王政。此后，参众两院又对条文进行了各种修正，于 1978 年 10 月经议会批准，12 月 6 日获全民投票通过。全国投票率为 67%，赞成者为 88%。但是在巴斯克地区，由于坚持民族自决权的巴斯克民族主义党进行了弃权宣传，投票率只有 50%。

1978 年宪法条文中最引人注目的是，在序言中强调了对“民主共存”“（所有地方的）文化、传统、语言和制度”“（所有人）有尊严地生活”的保障。于是，西班牙告别了“威权主义”、中央集权的佛朗哥体制，在制度上实现了向民主主义的过渡，成为以多党制和基于议会内阁制为基础的民主国家和民主社会。

此外，在长期困扰西班牙的国家与宗教关系的问题上，宪法第十六条中大力强调保障“思想、宗教、信仰的自由”的同时，明确了“任何宗教都不具有国家性质”的政教分离

图 10-1　制定 1978 年宪法草案的 7 位“宪法之父”

原则。但是，“考虑到西班牙社会的宗教情绪”，这也成为此后在向宗教团体提供补助金方面，天主教团体受到优待的依据。

### 佛朗哥主义者抵抗的失败

苏亚雷斯政权在 1979 年 3 月的大选中获胜，但民主中间联盟是中间派和中右政治势力的拼凑，一进入具体政策实现阶段，党内各派就广泛出现了不和谐的声音。1979 年，巴斯克和加泰罗尼亚的临时自治政府成为自治区政府，党内围绕对自治区的权力移交程度产生了纷争。同年，由于第二次石油危机，在经济萧条加剧、失业者增加的同时，“埃塔”以军队和警察为目标的恐怖活动日益活跃，其他极右团体也发动了恐怖活动作出响应。1979 年，“埃塔”和极右分子分别杀害了 78 人和 6 人，1980 年分别杀害了 96 人和 20 人。

面对民主中间联盟的内部分裂，苏亚雷斯于 1981 年 1 月宣布辞职，由卡尔沃 - 索特洛继任。然而 2 月 23 日，就在卡尔沃 - 索特洛的首相信任投票期间，国民卫队的特赫罗中校率领部队闯入国会，以下议院议员为人质，要求恢复以国王为中心的军政府。在巴伦西亚，方面军司令米兰斯・德尔・波什命令坦克开上街头。但是，对于这样的行动，来自军队和国民卫队的响应者很少，而国王胡安·卡洛斯的坚决应对，最终使得政变失败（23-F 事件）。

2 月 27 日，约 300 万人进行了覆盖全国的游行示威，号召拥护民主主义和宪法体制。可以说，1978 年的宪法体制反而通过这一事件获得了正当性。卡尔沃 - 索特洛政府推进了建立自治区的进程，于 1982 年在工社党的协助下制定了《自治进程和谐组织法》。这一年，西班牙还加入了北大西洋公约组织，这不但带来了军队组织的现代化，而且自此消除了军队政变的可能性。此外，在 1981 年又通过了《离婚法》，不过这引发了党内右派的反对，加速了民主中间联盟的分裂。

图 10-2　占领国会高举手枪的国民卫队特赫罗中校（1981 年 2 月 23 日）

1982年10月大选的举行和12月诞生的工社党政府表明，西班牙社会已经实现了向民主主义的过渡。工社党以“为了变革”为口号，以总书记冈萨雷斯清新的政治形象为卖点，取得了压倒性的胜利（得票率为48%，获得220个议席）。民主中间联盟沦为弱小势力，承接了民主中间联盟基本盘的人民同盟获得了106个席位。西班牙自此进入了长达14年的冈萨雷斯温和左翼政权时代。

## ❷ 自治区国家体制的建立

### 民族体与自治区

制定新宪法的各党派就国家和地区的关系达成了妥协性的协议，拒绝了分离主义的地方民族主义和中央集权的国家民族主义的两极化主张。规定西班牙为民族国家（nation），强调其具有“不可动摇的一体性”，而对于加泰罗尼亚等少数语言—民族的地域则使用“地区”（西班牙语：región）一词来称呼不同的“民族体”（西班牙语：nacionalidad）。这种在作为主权国家的西班牙国家内部所统摄的民族体构筑的政治体，虽然除了国家的专管事项（外交、国防、司法等）获得了大量地方权限，却成了没有民族自决权余地的“自治区”。

早在第二共和国时期，西班牙政府就以住民投票的形式通过了《自治宪章》草案。1979 年，根据宪法第一百五十一条，在拥有地方固有语言的加泰罗尼亚、巴斯克、加利西亚（这些地区被称为“历史性自治区”）设立自治区，并授予其宽泛的地方权限。在经历了一些曲折之后，具有强烈地域认同感的安达卢西亚，也在 1981 年根据宪法第一百五十一条通过住民投票成为自治区。余下的地区（最终被合并为 13 个地方单位）也在强烈的地方分权化潮流中，根据经济、社会的利害关系各自结合在一起，并根据宪法第一百四十三条成立自治区。与“历史性自治区”不同，这些自治区未以住民投票为前提条件成立，自治权限很小。

然而，新宪法第三条关于语言的规定，反映了在多语种国家西班牙内部，国家和地区之间微妙的关系。一方面，宪法规定“卡斯蒂利亚语”为“国家官方语言”，强调所有西班牙国民都有使用该语言的义务和权利；另一方面，“西班牙其他语言”也是“基于《自治宪章》成立的自治区”的“官方语言”，允许拥有固有语言的地区并用两种语言，并宣称“西班牙语言样态的多样性”，“作为文化遗产是尊重和保护的对象”。但是，在“历史性自治区”内，地方固有语言和国家官方语言之间具体是怎样的关系，却一直处于模糊地带。

## 17 个自治区的建立

对于前文述及的中央政府尽量将各自治区的权限同质化的《自治进程和谐组织法》，加泰罗尼亚和巴斯克两个自治区政府表示反对，并向宪法法院起诉违宪。1983 年 8 月，宪法法院判定，通过制定法而非宪法来谋求自治权限的同质化是违宪行为，因此将全部 38 条中的 14 条判为无效。不过在此期间，其他自治区的构建进程也在不断推进，到 1983 年 2 月，由 17 个自治区组成的地方分权的自治区国家体制已经完成。

在北非的“飞地”休达和梅利利亚，当时虽然只被列为特别自治市，但 1995 年在法律上获得了与 17 个自治区同等的地位。此举也是不屈服于摩洛哥归还领土要求的对外声明。

在这种自治区国家体制中，由于设置自治区是一个先行课题，因此对于自治权的具体内容并没有进行过深入的讨论。在区划上，各“历史性自治区”的范围没有异议，马德里和坎塔布里亚是由单独一省建立的自治区，除此以外也出现了卡斯蒂利亚 - 莱昂、卡斯蒂利亚 - 拉曼恰、安达卢西亚等这样由多个省组成的广大自治区。但很重要的一点是，拥有固有语言的“历史性自治区”加泰罗尼亚、巴斯克、加利西亚此时虽然满足于“民族体”的界定，但它们认为自治权来源于民族权利，并不认可将自身自治权限与其他通过行政性地方分权化而成立的自治区并列。

之后，特别是加泰罗尼亚政府和巴斯克的区政府，以修改各自的《自治宪章》为目标，在扩大自治权限的同时

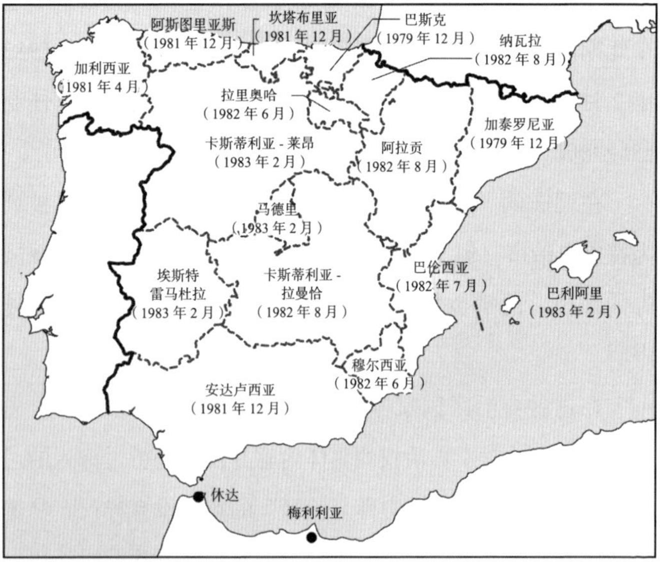


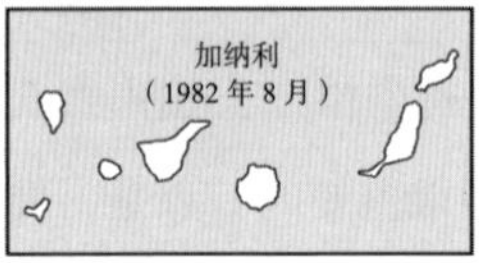


根据1978年宪法，在各地方区域成立了自治区，（ ）内是制定自治宪章的时间。
休达和梅利利亚在当时还是自治市，1995年3月以后获得同等地位。

图10-3　自治区国家体制的建立

要求自身作为“民族”的地位，并借此寻求拥有民族自决权。对这一举动表示反对，要求各州自治权限对等化的呼声也随之出现，甚至调门高涨到指责加泰罗尼亚和巴斯克为分离主义。1998 年，3 个“历史性自治区”的各民族主义政党发表联合声明《巴塞罗那宣言》，声称虽然进入民主时代已经 20 年，但是西班牙的“多民族性”问题仍未得到解决，要求重新审视自治区国家体制。如后文所述，21 世纪以后，这种对立开始转化为严重的政治问题。

## 历史性自治区的语言正常化

根据 1978 年宪法的规定，目前拥有地方语言的自治区共有 6 个。这些语言分别是加泰罗尼亚、巴利阿里以及巴伦西亚的加泰罗尼亚语（在巴伦西亚称为巴伦西亚语）、加利西亚的加利西亚语、巴斯克和纳瓦拉的巴斯克语，分别在当地与西班牙语一起被指定为官方语言。此外还存在若干地方语言。

近代以后，除了作为国家官方语言的西班牙语，其他语言都不被学校教育认可，在经历佛朗哥体制的压制后，地方固有语言处于“deggrossy”的状态（国家语言和地方语言并存，后者在社会、文化上承担着下位功能）。而且，其他地区的西班牙语使用者大量涌入加泰罗尼亚，使母语为加泰罗尼亚语的人口比例降为约占半数。1975 年，懂加泰罗尼亚语的人占 74%，会说加泰罗尼亚语的人占 52%，会写加泰罗尼亚语的人仅为 14.5%。巴斯克地区除了原本就有很多域外人口流入，更有巴斯克语非罗曼语族的特殊性，说母语的人不到两成。相对来说，加利西亚的母语使用者接近六成，但要求恢复语言权利的地区民族主义力量却很薄弱。

针对这种状况，20 世纪 80 年代以后，政府开始从消除“deggrossy”现象，着手“语言正常化”，但各自治区之间的差异很大。虽然从初等教育阶段开始就开设了学习地方语言的科目，但在加利西亚，地方语言的教育是有限的。巴斯克则采用巴斯克语班、西班牙语班和双语并用班三种模式。

加泰罗尼亚保守民族政党联合与统一党政府（1980—2003 年由普约尔长期执政），采用了将教育语言限定为加泰罗尼亚语的“沉浸式语言教育”政策。经过从 1983 年的《语言正常化法》到 1998 年的《语言政策法》的一系列推进，1986 年能够理解加泰罗尼亚语的人和会说加泰罗尼亚语的人分别为 90% 和 64%，而到了 1996 年，这一比例分别达到了 96% 和 75%。在自治区政府的支持下，使用加泰罗尼亚语的大众媒体也得以创立，对加泰罗尼亚语的普及作出了贡献。

21世纪10年代，加泰罗尼亚在民族主义高涨的情况下，曾将中央政府对加泰罗尼亚语的压制与佛朗哥时代相提并论，但考虑到这期间语言恢复的程度，这种说法并不恰当。在使用加泰罗尼亚语的人群地方认同得到加强的同时，该地区内外也产生了对将教育语言限定为加泰罗尼亚语的批评，以及对教育内容偏重地方民族主义的担忧。

## ❸ 工人社会党和人民党的政权交替

### 冈萨雷斯的工人社会党政府

虽然工人社会党的冈萨雷斯政府从一开始就反对加入北约，但 1986 年 3 月对去留问题举行全民公决的结果还是决定继续留在北约。在当时仅 60% 的投票率中赞成者仅为 52%，这说明在该问题上国民意见产生了分裂。但是从结果来看，还是西班牙军队的军人职业化、文职政府的巩固等加盟获益，使留在北约的意见占据了上风。

冈萨雷斯政府还成功参与了欧洲一体化进程。在共同农业政策等影响下，欧洲各国对西班牙采取了缓和政策，1986 年，西班牙和葡萄牙一起如愿地加入了欧共体。此后，感受到西班牙相对廉价劳动力魅力的外国企业，开始积极对其进行直接投资，到 1991 年为止，西班牙的经济增长率已经超过了其他欧洲国家。

1992 年，西班牙举办了塞维利亚世博会和巴塞罗那奥运会，向世界展示了一个崭新的国家面貌。但两个世界大会的经济收益并不如预期。从 1991 年末开始，经济高速增长的势头已浮现阴影，1993 年国内生产总值转为赤字，就业人数大幅减少，失业率从 1991 年的 16% 上升到 1994 年的 25%。反对新自由主义经济和财政政策的两大工会劳动者总联盟和劳工委员会继 1988 年之后，又在 1992 年和 1994 年举行了多次全国总罢工进行抗议。

从这个时期开始，政府的腐败现象日益明显。政治部门与产业界的勾结本是佛朗哥时代的特征，曾在 1982 年大选中宣称已“清廉 100 年”的工社党，也在长期执政中沾染了这种恶习。此外，内政部还被揭露容忍了 GAL（反恐怖主义解放团）对“埃塔”成员实施袭击的活动。可以说，贪腐和恐怖主义行为的政治文化得以保留，原因就在于没有深究“转型期正义”。

1989 年，人民同盟将政党名称改为人民党，新党首阿斯纳尔提出了中间偏右路线。在 1996 年的大选中，阿斯纳尔以新颖的政治形象获胜，冈萨雷斯随即下野。

实现了民主化和加入欧盟（EU）的西班牙，从这一时期开始致力于加强与拉丁美洲国家的关系，扮演起连接欧盟和拉丁美洲桥梁的角色。1991 年，由西班牙主导，第一届伊比利亚美洲峰会成功举办，此后该峰会成为 22 个西班牙语和葡萄牙语国家相互联结的平台。此外值得关注的还有，作为文化外交，政府开始积极开展西班牙语和西班牙语圈国家文化的普及。而 1991 年模仿德国歌德学院创立的塞万提斯学院，已经在世界 45 个国家的 88 个城市开展业务。

### 阿斯纳尔的人民党政府

随着时间的推移，中右派的人民党和中左派的工社党由于不时获得左右民族政党和左翼政党的阁外协助，到 2011 年再次形成两党制的政治格局。需要注意的是，把这一时期的人民党看作对佛朗哥主义的继承是错误的。如后文所述，极右政党的崛起是在 2010 年，是欧洲各国共同面临的移民问题与西班牙固有的地区民族主义问题交织在一起之后的结果。

阿斯纳尔政府在加泰罗尼亚保守政党联合与统一党的协助下，致力于旨在新自由主义的财政重建。阿斯纳尔通过大刀阔斧的私有化来削减公共赤字，并在 1999 年 1 月完成了对欧洲统一货币欧元的引入。这一时期，欧洲的经济也表现强劲，受此带动，西班牙经济以房地产业和建筑业为中心获得了大幅增长。这在很大程度上得益于西班牙旅游立国的政策，甚至其接待的外国游客远远超过了本国人口（2000 年人口为 4000 万人，外国游客为 5000 万人次）。

西班牙一直是传统的移民输出国，但在 20 世纪 90 年代开始转为移民接收国，1991 年外国人在人口中所占比例为 0.9%，1998 年为 1.6%，2010 年则达到了 12.2%。鉴于从北非和中南美接收外国劳工已成为西班牙的社会问题，阿斯纳尔政府于 2000 年通过了《外国人法》，实施了入境限制，但由于农业和建筑业的劳动力需求，非法移民的数量不断增加。此后，受 2008 年雷曼危机的影响，房地产泡沫破裂，经济恶化，外国人的比例逐渐减少，但时至今日，如何处理占总人口约一成的外国人仍是一大课题。

阿斯纳尔还在经济繁荣的背景下积极开展了国际合作外交，但这却成为使他跌下政坛的原因。虽然社会上对出于他重视对美关系而向伊拉克派兵参战的反对声音很大，但阿斯纳尔预计会让自己在 2004 年 3 月的大选中取得压倒性的胜利。然而，在 3 月 11 日马德里发生了连环恐怖袭击（造成 193 人死亡）后，情况发生了变化。起初政府宣称是“埃塔”组织策划，后来证实是伊斯兰激进分子所为。这使得在随后的大选中，主张立即从伊拉克撤军的工社党取得了胜利。

## 萨帕特罗的工人社会党政府

工社党虽然重新成为第一大党，但在 350 个议席中只有 164 个议席，未过半数。相比之下，人民党的议席虽然有所减少，但仍保留了 148 席。萨帕特罗首相继承了良好的经济发展势头，并得到统一左翼的支持，努力扩大社会福利。同时，内阁中女性阁僚的数量大幅增加，并致力于同性婚姻合法化和自由主义的女性政策和家庭政策。非法移民的合法化也向前迈进了一大步。

萨帕特罗喜欢将自己比作第二共和国的阿萨尼亚。他的祖父是一名军人，在西班牙内战初期被叛军处决。2007 年 10 月通过的《历史记忆法》，旨在为内战中和内战后被压迫和屠杀的人们恢复名誉并给予补偿，并且在街头和公共设施中拆除让人联想起佛朗哥体制的纪念碑。特别是在农村地区，恐怖政治使相关人员长期保持沉默，直到 20 世纪末，牺牲者的家属才开始讲述他们的“记忆”。2000 年，“恢复历史记忆协会”成立，并开始对被草草掩埋的遗骸进行发现和挖掘工作，政府在财政方面对相关迁葬工作提供了支援。

不过，内战虽然已经过去了约 70 年，佛朗哥去世也已过去约 30 年，但西班牙就过去的历史问题还是很难达成共识。人民党认为这是挖“旧伤”的做法，而加泰罗尼亚共和左翼（ERC）则认为对佛朗哥独裁的弹劾不够充分，均反对该法案。2011 年重新掌权的人民党拉霍伊政府，大幅削减了与实施《历史记忆法》有关的预算。

多年悬而未决的“埃塔”恐怖活动，也走向了终结。虽然 21 世纪的前 10 年仍然发生了炸弹恐怖袭击事件，但民主化以后，通过恐怖袭击推动巴斯克地区分离独立的势力急剧

图 10-4　拆除最后一座公共场所的佛朗哥骑马像（桑坦德市，2008 年 12 月 17 日）

减少。在西班牙政府加强了与法国政府的合作后，“埃塔”组织进一步受到削弱，并于2011年10月宣布停止武装斗争，萨帕特罗称赞这是“法治国家的胜利”。“埃塔”最终于2017年完全解除武装，第二年5月组织解体。

不过，在巴斯克自治区，时任自治区主席，隶属巴斯克民族主义党的伊巴列切，于2003年制定了以修改《自治宪章》为目标的“伊巴列切计划”，并将巴斯克人民的“自决权”纳入其中。这个计划虽然以微弱优势在区议会获得通过，但在西班牙国会被否决。2008年，自治区政府又试图以开展“民意调查”的形式，令区内居民强行表明立场，但因宪法法院的违宪判决而作罢。此后，随着2009年非巴斯克民族主义的区政府上台，才暂时平息了事态。

2008年3月的大选具有追究萨帕特罗自由主义政策对错的意味，但结果工社党获得169个席位，人民党获得154个席位，几乎针锋相对，使得舆论呈现两极分化。进入第二任期后，萨帕特罗受到同年雷曼事件和2010年欧债危机的影响，不得不采取大胆的金融、财政政策。在与人民党达成协议的情况下，萨帕特罗政府修改了宪法第一百三十五条第二款，着手根据欧盟标准控制公共债务，实施包括减少工作时间和放宽解雇条件在内的劳动市场改革。

但是，萨帕特罗政府对于社会贫富差距的纠正并不充分，以处于不稳定状态的年轻人为中心，社会上对“既得利益阶层”的批判日益高涨。2011 年 5 月 15 日，“没有未来的年轻人”在马德里发起的占领广场运动，很快蔓延全国各地（15-M 运动）。不信任既有政党的市民运动的兴起，不久便将西班牙政坛裂变为多党分立的状态。

同年 1 月举行的大选中，工社党惨败。议席数减少了 59 个，仅获 110 席，得票率也仅为 29%。相比之下，人民党以 45% 的支持率获得了 186 个议席和稳定的议会多数席位，拉霍伊政府随即诞生。

## ❹ Quo Vadis（走向何方）

### 拉霍伊的人民党政府

虽然拉霍伊取得了压倒性的胜利，但在应对经济危机的过程中，他进一步加速萨帕特罗政府的新自由主义政策，强化了财政紧缩政策。2013年，他又再次实施劳动市场改革，进一步放宽解雇条件。结果，失业率虽然呈下降趋势，但就业的不稳定性也增加了。

从拉霍伊政府的国内政治来看，对加泰罗尼亚自治区的强硬态度颇为明显。加泰罗尼亚自治区政府在地方认同日益增强的背景下，虽然通过与工社党政府的交涉，终于在2006年修改了《自治宪章》，但当时作为在野党的人民党向宪法法院提出了违宪立法审查请求。2010年，该宪章中的14条被认为违宪。此举遭到了加泰罗尼亚民众的强烈反对，联合与统一党主席马斯借此鼓吹加泰罗尼亚人民的“自决权”，将脱离西班牙的“独立进程”提上日程，一下子提高了与中央政府的紧张关系。

自此之后，加泰罗尼亚内部支持独立派的比例有所提高，但尚未达到五成。在加泰罗尼亚，母语是加泰罗尼亚语的人与母语是西班牙语的人之间，以及农村地区与工业区的人之间，在归属意识上存在很大的差异，不能一概视为追求独立的加泰罗尼亚人。尽管如此，由于在区议会中占据多数，2016 年取代马斯成为自治区主席的普伊格德蒙特，于 2017 年 10 月强行推行违宪的“民族自决公投”。虽然投票率只有 43%，但赞成率超过九成，使《独立宣言》在区议会获得通过。但是，拉霍伊维持了强硬态度，并没有打算以政治方式解决加泰罗尼亚问题。普伊格德蒙特虽然被罢免，但加泰罗尼亚问题至今仍未找到解决的头绪。从现状来看，支持独立的人接近半数也是事实。

脱胎于人民同盟的人民党，在转为中右政党后，并未特别拭除地方支部的腐败现象。2007 年，人民党相关人员的大规模贪污事件（因会计负责人的姓氏科雷亚在德语中为吉尤尔特，而被称为“吉尤尔特事件”）逐渐浮出水面，这对人民党来说是一个巨大的打击。在行贿丑闻的可信度越来越高的情况下，2015 年 12 月举行的议会选举结果，人民党的议席剧减到123席，而工社党也止于90席。以2011年的市民运动为起点，对既有政党的批判之风日渐高涨，中间路线的公民党获得40个议席，左派的“我们能”党获得69个议席，西班牙政党格局发生了重大变化，形成了多党分立的局面。

相对第一大党拉霍伊领导的人民党成为过渡政府，为了组建联合政府，拉霍伊与其他党派展开了各种各样的讨价还价。在2016年6月重新举行的大选中，人民党虽然获得了137个议席，但仍然是弱势的第一大党。同年11月，新内阁成立，但政府基础十分脆弱。到了2018年5月，人民党高层承认对包括“吉尤尔特事件”在内的贪污事件负责后，工社党在其他党派的支持下提出对拉霍伊内阁的不信任案，6月1日以180票赞成、169票反对，确定由工社党的桑切斯就任首相。

## 从桑切斯的单独执政到联合执政

虽然桑切斯成为首相，但工社党的议席数只有85个。17名内阁成员中有11名是女性，虽然展示了一种政治新鲜感，但议会的运营却困难重重。虽然在2019年4月的大选后，工社党成为第一大党，但席位仍只有123个。人民党则进一步下滑，仅剩66个席位。公民党获得57席，左翼联盟获得42席，极右政党民声党获得24席，其他民族主义、地方主义政党获得47席。同年11月，虽然再次举行了大选，但工社党的议席数仍维持在120席。桑切斯遂放弃单独执政，于翌年1月与左派政党组成了联合政府。这是第二共和国时期以来的第一次联合执政。

桑切斯政府成立后便致力于推进拉霍伊时期实际上已经停止的《历史记忆法》。2019年10月，将佛朗哥的遗骸从烈士谷十字架教堂迁葬到马德里郊外的佛朗哥家族墓地，以消除被佛朗哥主义者视为圣地的烈士谷的象征性。接着在2020年9月，在内阁会议上决定制定《历史记忆新法》，目标在两年内获得通过。其主要内容是禁止赞美佛朗哥主义，对违反规定的行为处以高额罚款，在学校教育中，佛朗哥的独裁被定性为蹂躏人权的体制。

但是，对于工社党政治家的这些举动，来自保守派历史学家的批评之声不绝于耳，他们认为这不仅是在挖“旧伤”，而且根据乔治·奥威尔的小说，这无异于设立了书中的“真理部”（出自《一九八四》）。在从来不问“转型期正义”的西班牙，现在应该抛开政治上的利害，认真讨论如何吸取以往历史中对人权侵害的教训。

到目前为止，桑切斯对欧洲接受非洲移民仍持肯定态度。2008 年 6 月和 8 月，西班牙出于人道主义考虑，决定接受被意大利和马耳他拒绝靠岸的移民船。应该说，西班牙通过与德国和法国的合作，正在从欧洲整体层面上寻求该问题的解决方案。但是，人民党和公民党对这一姿态持批评态度，指责其已成为非洲非法移民的“诱因”。

关于日益复杂的加泰罗尼亚问题，桑切斯虽然和人民党政府一样，不允许“自决权”和住民“公投”，却在 1978 年的宪法体制下转向了与各独立派政党对话的方向。这可能是联合政府为了在国会上通过预算，需要加泰罗尼亚共和左翼的支持。2020 年 9 月，桑切斯政府宣布，将对因在加泰罗尼亚强行启动“独立程序”而正在服刑的政治家实施特赦，对此，连工社党内也出现了反对的声音。同月，政府以违反选举活动为由，对加泰罗尼亚自治区主席托拉下达了停止公务任职权的判决，托拉由此下台。2002 年 2 月，在新一轮的自治区议会选举中，支持独立的加泰罗尼亚共和左翼、加泰罗尼亚团结党（JxCAT，中间偏右的民族政党）等获得了半数以上的议席，得票率刚好超过 50%。与此同时，反独立派加泰罗尼亚社会党（PSC）和民声党的势力也在壮大。6 月，桑切斯政府决定赦免正在服刑的 9 名政治犯，但近六成的舆论反对这一措施。虽然桑切斯本身重视对话，但还看不到加泰罗尼亚问题的政治解决路径。

最近，在西班牙的政治版图中，极右政党民声党的崛起备受关注。在混乱的政治状况下，以排斥移民、否定地方自治权为目标，于2013年创立的民声党在2015年和2016年的大选中仅获得约5万张选票，但在2019年4月以约27万票获得了24个议席，同年11月，又以约36万票上升到52个议席。很明显，以往投票给人民党的选民中，有一部分人对不断出现腐败事件的人民党感到厌烦，并被更激进的主张所吸引。

## Quo Vadis

那么，今后西班牙的政治状况会如何发展呢？学生时代曾在40多年前的民主化进程中，参与反佛朗哥体制运动的学者们对舆论的形成产生了巨大的影响。其中，马德里自治大学塔马梅斯教授所著的《西班牙，你要走向何方？》（1986年）一书，成为一部经典。他结合经济结构的变革，阐述了政治民主化的必要性，并在作为国民诉求的“民主主义和政治赦免”基础上，还拥护了加泰罗尼亚、巴斯克和加利西亚的自治权。

如今，西班牙建立了自治区国家体制，承认事实婚姻和同性婚姻等，在所有的欧洲国家中，已经是一个以保护少数族裔为傲的民主主义国家。但是，西班牙仍存在各种各样的问题也是事实。接下来，针对“西班牙，你要走向何方”，我想通过列举几个主要课题，来结束本讲。

在此之前，我想先纠正一下大家的误解。结合最近加泰罗尼亚的动向，有人说西班牙社会还残留着佛朗哥主义。但是，以国家天主教为主轴的佛朗哥主义已经没有了社会影响力。“天主教西班牙”给人的印象是各地教堂众多，但实际上参加弥撒的天主教信徒只占国民的两成（根据2019年的社会调查）。右翼民族主义的抬头，必须作为一个现代问题加以分析。

在大约40年前的转型时期，被视为佛朗哥体制继承者的国王胡安·卡洛斯成为和解与民主化的象征，其本人曾为拥有超高的人气而志得意满，但其后因种种丑闻于2014年6月退位。继承王位的儿子费利佩六世虽然禁欲地致力于成为国民团结的象征，但很难说王室存在的意义得到了广泛的共识。2020年，随着贪腐嫌疑的加深，胡安·卡洛斯决定移居国外。“国王”这一西班牙“不可动摇的一体性”象征今后将何去何从，我们拭目以待。

自治区国家体制的存在方式也在动摇。在17个自治区初建时期，避开了关于“历史性自治区”与其他自治区自治权限多寡的争论。但是，在“历史性自治区”不断强化自治权限的情况下，已经必须面对自治区之间的差异问题，并就围绕这一问题修改宪法的利弊进行讨论了。前文提到的塔马梅斯曾预测，“将来的西班牙国家将形成多民族的形态”。西班牙从自治区国家转变为联邦制国家也是一种可能性，但各联邦之间的权限多寡问题仍将随之而来。承认向往“民族国家”的各地区拥有较其他自治区更为宽泛的自治权，将不可避免地引发有关自治区间权力不平等的“不匀称联邦制”的争议。并且，“历史性自治区”内部也不是均质性的，包括语言权在内，对除了固有语言使用者以外的人们的各种权利展开讨论也是必要的。

关于《历史记忆法》也有问题。如果不实施“转型期正义”，那么在内战和独裁时期所进行的镇压和不当行为的实际情况便无从得知。将独裁时期的反人权行为作为历史事实予以揭露，对于贯彻民主主义来说是必不可少的。但在卡斯蒂利亚 - 莱昂自治区阿维拉省波亚雷斯・德尔・奥约村发生的事件，应该还能给予世人更多的思考。在恢复历史记忆的运动中，1936 年 12 月，村里的叛军支持者杀害了 3 名女性，并将尸体扔进公共墓地。历史记忆恢复协会将这三人的遗骸挖掘出来，迁葬到村营公墓一隅的墓地里。这一事件引起了国内外新闻的关注，《纽约时报》的报道盛赞西班牙人终于向“佛朗哥的亡灵”发起了进攻。此外，还拍摄了以发掘三人遗骸为主题的电影《盲月》(2009年)。

但是，仅将叛军支持者描述为极右法西斯是片面的。关于支持共和国的女性为何会被杀害的问题，人们并没有对发生该事件的村子当时的政治社会状况进行充分分析。1936年7月内战爆发后，这个村子最初由支持共和国的一派掌握了权力，教区教会成了村子里的监狱，8月，一位神父在拷问中被杀害。到9月8日村子落入叛军手中为止，据说已有多达30名村民被民兵队杀害。作为20世纪欧洲持续出现的“粗暴的暴力”(历史学家J. 卡萨诺瓦语)的问题，历史学家应当全面冷静地审视“内战”给当地社会带来的悲剧。

最后，我想说一下新型冠状病毒之祸。西班牙和意大利一样，人与人之间的日常接触较多，也没有戴口罩的习惯。正如2010年开始使用的旅游宣传词“对我来说西班牙是不可或缺的”所表征的那样，拥有丰富自然文化、人们乐于交际的西班牙各个城镇，都挤满了来自世界各地的游客。然而现状是与以往游客过剩完全相反的状态，为了避免密切接触而戴着口罩的人们，生活已经陷入十分困难的境地。但可以肯定的是，新冠之祸总有一天会结束。我们期待，尽管还包含着各种各样的纠结与矛盾，但在人类社会中创造出多语言、多文化国家的西班牙，最终能够切实解决有关自身“走向何方”的诸课题。

# 后 记

我第一次撰写西班牙史是在40年前。在东京外国语大学的恩师原诚先生策划的《西班牙手册》中，我得到了撰写“历史”一章的机会。但当时，以“后佛朗哥时代”的研究成果为基础的西班牙通史，还没有在日本出版过。于是，我慌慌张张地读了相关的概说书[1]和教科书，想着要尽可能准确地叙述各种事件的经过。但距离鸟瞰西班牙的历史并描述出其特征的程度，还远远不够。

得到教职后，我又获得了几次策划和编辑西班牙史的机会。《概说西班牙史》是我与若松隆先生在大量吸收西班牙民主化以后的历史研究成果基础上，共同编著的一部西班牙通史。当时，我负责17世纪到18世纪初的部分。后来，由于畏友间哲行先生和中冢次郎先生分别研究西班牙中世纪史

1 相对于“学术书”，日本社会将兼顾学者和一般大众的概论性读物统称“概说书”。

和现代史，而我正对西班牙近世及近代史展开专门的实证研究，因此我们也就成了共同研究西班牙史的“三羽乌”[1]。

此外，我在编著新版世界各国史系列的《西班牙·葡萄牙史》时，除吸收对应各时代的最新研究成果，还特别尝试了将中世纪之前的西班牙和葡萄牙史作为整体的“伊比利亚史”进行书写。而世界历史大系的《西班牙史》则由两部组成，第Ⅰ部是“西班牙的历史”，第Ⅱ部是“地方史的视角”。第Ⅰ部主要由若干西班牙史专家以政治史为中心撰写其所擅长时代的内容；第Ⅱ部则将加泰罗尼亚、巴斯克和加利西亚的历史作为西班牙地方史处理。这种仅将当前的西班牙国家作为前提的写法也是我给国民史观提出的挑战。

回顾自己与西班牙通史的关系，我一直对19世纪以后与构建西班牙民族国家高度关联的国民史学保持警惕，并对其所创造的民族认同感投以批判的目光。因为在刚开始从事历史研究的时候，我就很讨厌将有关西班牙的讨论与所谓“国民性”联系在一起。阿梅里科·卡斯特罗和桑切斯·阿尔博诺斯的著名论争，也在于“西班牙性”是在什么时候被锻造出来的。

在这场史学论争中，我有幸接触到了自由文化人类学家

1 即三只乌鸦。乌鸦在日本传统文化中具有较高的地位，因此日语中用“三羽乌”泛指某领域中出现的三位精英，略同于汉语中的“三杰”。

卡罗·巴罗哈的工作。他说："实际上，谈论国民性是一种神话行为。谈论国民性的人，虽然迎合了某种传统的论调，但并没有建立在经科学验证过的事实的基础上。"

我从1969年进入大学后，就逐渐对西班牙历史产生兴趣，但长期被历史学是"揭示真相"的学问的观念束缚着。1976年，虽然比同期的人晚了3年，我还是幸运地进入了东京都立大学研究生院，成为迟冢忠躬老师研讨班的一员。迟冢老师对历史学的态度，集中体现在他的巨著《史学概论》中。其核心思想在于，历史研究的基础是"事实可靠性"和"逻辑整合性"，执拗于自己的观点代表了历史真相，只会陷入"诸神之争"。直到今天，卡罗·巴罗哈和迟冢老师的话仍是我的座右铭。

我没想到自己过了花甲之年，还会得到委托撰写西班牙通史的机会，而且是"10讲"这样一个精彩的系列。这令我想起了自己在为《西班牙手册》撰写通史时的青葱时光，于是带着以批判的立场来鸟瞰国民史学所生产的历史神话的想法，我接受了这项工作。另外，关于对国民史学的批判，J.H.艾略特的著作《历史的诞生——跨国历史的方法》也刺激了我的思想。

在撰写本书的过程中，我对自己曾担任编者的概说书中的论考有所参照自不赘言，除上述内容，在此还将列出本书执笔时另外特别参照的文献，以供大家参考。

Julio Valdeón/Joseph Pérez/Santos Juliá，*Historia de España*，Madrid：Espasa，2006.

Josep Fontana/Ramón Villares（dirs.），*Historia de España*，12 vols.，Barcelona：Crítica/Marcial Pons，2009-2013.

Jordi Canal（dir.），*Historia contemporánea de España*，2 vol.，Madrid：Taurus，2017.

José Alvarez Junco/Adrian Shubert（eds.），*Nueva historia de la España contemporánea*（*1808-2018*），s. l.：Galaxia Gutenberg，2018.

A. 多明格斯·奥尔蒂斯：《西班牙三千年史》，昭和堂，2006 年。

J. 阿罗斯特吉·桑切斯等：《西班牙的历史——西班牙高中历史教科书》，明石书店，2014 年。

立石博高编：《概说近代西班牙文化史》，密涅瓦书房，2015 年。

立石博高、内村俊太合编：《了解西班牙历史 50 章》，明石书店，2016 年。

本书旨在对地缘政治上具有重大特征的西班牙（本书第 1 讲提及）从远古到现代的完整历史作一鸟瞰，但其结果是否成功，还有待于读者的判断和批评。本书能在新冠灾难中得以完成，多亏了编辑杉田守康氏的鞭策和鼓励。在此再次表示感谢。虽然为时已晚，但我想把这本书献给已亡故的迟家忠躬老师。

2021 年初夏　于浅间山麓

立石博高